Dress shirt

月居良子のドレスシャツ

JN047196

主婦と生活社

Dress shirt Contents

A pattern
パネル切り替えパターン

1 _P.4
ダブルストライプシャツ

2 _P.6
ウィングカラーシャツ

3 _P.7
ロールカラーブラウス

4 _P.8
パイピングブラウス

5 _P.9
デニムシャツジャケット

6 _P.10
フォーマル
シャツジャケット

B pattern
胸ダーツ入りパターン

7 _P.12
ポルカドットシャツ

8 _P.13
フリルシャツ

9 _P.14
プリーツシャツ

10 _P.16
ギャザークレリック
シャツ

11 _P.17
バルーン袖のブラウス

12 _P.18
袖フリルブラウス

13 _P.19
チャイナブラウス

14 _P.20
ティアードシャツ

C *pattern*

ドロップショルダーパターン

15 _P.22
カジュアルシャツ

16 _P.23
スタンドカラーの
オーバーブラウス

17 _P.24
スタンドカラーの
シャツカーディガン

18 _P.25
ヘンリーネックシャツ

19 _P.26
ギャザーブラウス

20 _P.27
ガウン風コート

21 _P.28
ダブルボタンベスト

22 _P.29
シャツワンピース

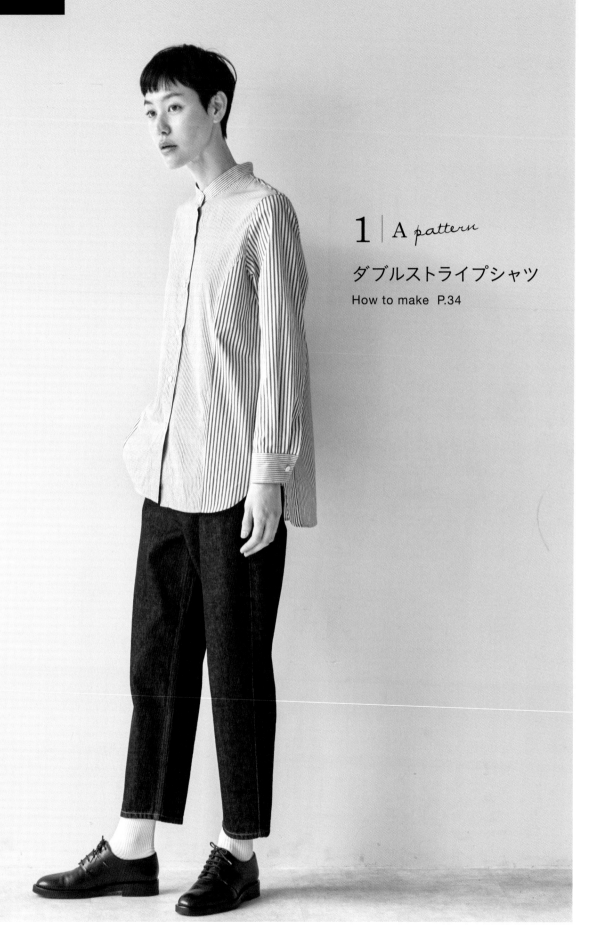

1 ｜ A *pattern*

ダブルストライプシャツ
How to make P.34

身頃の袖ぐりから裾にかけてゆるやかなカーブではぎ合わせるパネル切り替えパターンは、
すっきりとしたシルエットになるのが特徴です。
切り替えを生かして2種のストライプを組み合わせれば、よりいっそうスタイリッシュに。

生地／CHECK & STRIPE

2 | A *pattern*

ウィングカラーシャツ

How to make　P.50

メンズフォーマルに用いられるウィングカラーとダブルカフスをあしらったシャツ。
女性らしさを添えたギャザーペプラムは、華やかなうえにお腹まわりもさりげなくカバーしてくれます。

3 | A *pattern*

ロールカラーブラウス

How to make　P.52

身頃や袖にたっぷりと
ギャザーを入れたブラウス。
前身頃は切り替え入りだから、
ふんわりしつつも脇のラインがきれい。
鎖骨が美しく見えるロールカラーは、
スタンドカラーとしても楽しめます。

生地／Faux & Cachet Inc.

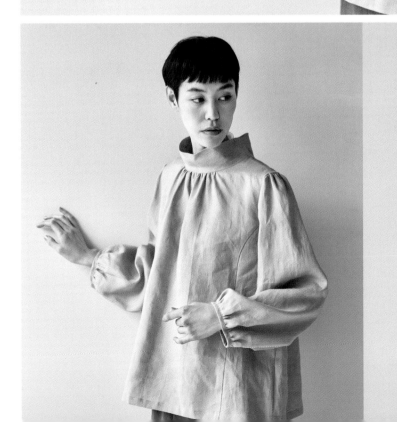

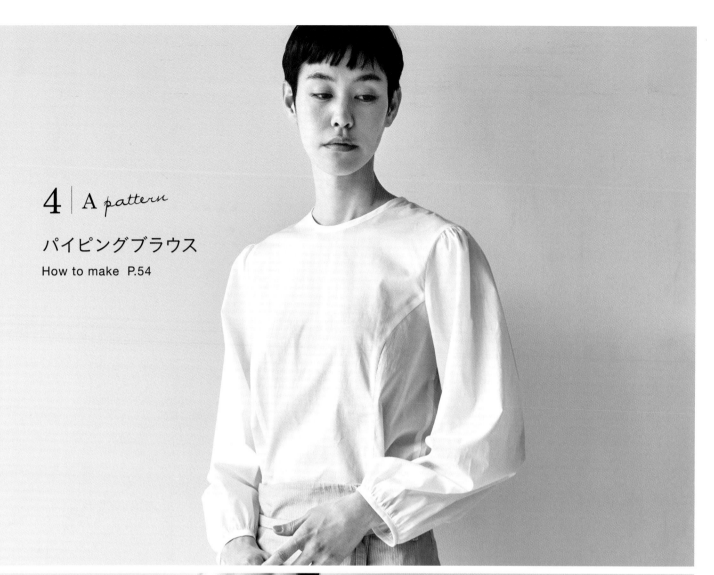

4 | A pattern

パイピングブラウス

How to make P.54

えりぐりと袖口がパイピング仕立ての
上品で繊細なブラウス。
シルエットを生かすために、
後ろはコンシールファスナーあきで
シンプルにしました。
しなやかな薄手のローンで仕立てると、
高級感のある一着に仕上がります。

生地／リバティジャパン

5 | A *pattern*

デニムシャツジャケット

How to make　P.58

控えめの小さなえりと身頃のシャープな切り替えで、
デニムながらきれいめスタイルに合うジャケット。
後ろはタックを2本入れて身幅を出し、動きやすくもしています。

生地／CHECK & STRIPE

6 | A *pattern*

フォーマルシャツジャケット

How to make P.56

シャツのパターンを使ってジャケットも作れます。えりは身頃続きにし、ネックラインに沿うようにしたのがポイント。
後ろ裾にはデザイン性と動きやすさを兼ねたスリット入りです。

生地／CHECK & STRIPE

7 | B *pattern*

ポルカドットシャツ
How to make P.59

胸まわりが立体的になり、スタイルよく仕上がるのが
胸ダーツ入りパターンのいいところ。
写真のシャツはダーツに加え、台えりつきのシャツカラー、
後ろはヨーク切り替えにしてタックを入れた、
スタンダードなデザインです。

生地／生地の森

8 | B *pattern*

フリルシャツ

How to make P.60

ベースは作品7と同じですが、前立てにフリルをあしらうだけで華やかに。
生地は小柄で仕立てましたが、シックな雰囲気になる無地で作るのもおすすめです。

生地／リバティジャパン

9 | B *pattern*

プリーツシャツ
How to make　P.62

身頃にプリーツを入れた優雅なフレアラインが魅力のシャツは、後ろ姿も素敵。
袖もギャザーでふくらみを持たせてくるみボタンを添えた、まさにドレスシャツといえる一枚。

生地／リバティジャパン

10 | B *pattern*

ギャザークレリックシャツ

How to make P.64

えりとカフスを白無地で効かせた、端正なクレリックシャツ。
身頃と袖は薄手のストライプ生地でギャザーを寄せ、
女性らしいやわらかい表情も楽しめるデザインです。

生地／CHECK & STRIPE

11 | B pattern

バルーン袖のブラウス

How to make P.66

それだけでエレガントな雰囲気を醸し出すバルーン袖は、裏袖つきの本格仕立て。
えりぐりのリボンは結んでも、そのまま垂らしてもさまになります。

生地／リバティジャパン

12 | B pattern

袖フリルブラウス

How to make P.68

動くたびに揺れる袖ぐりのフリルは、
肩先をさりげなく隠してくれるのもうれしい。
生地はやや薄手のものを選ぶとギャザーが美しく寄り、
フリルも軽やかに仕上がります。

生地／CHECK & STRIPE

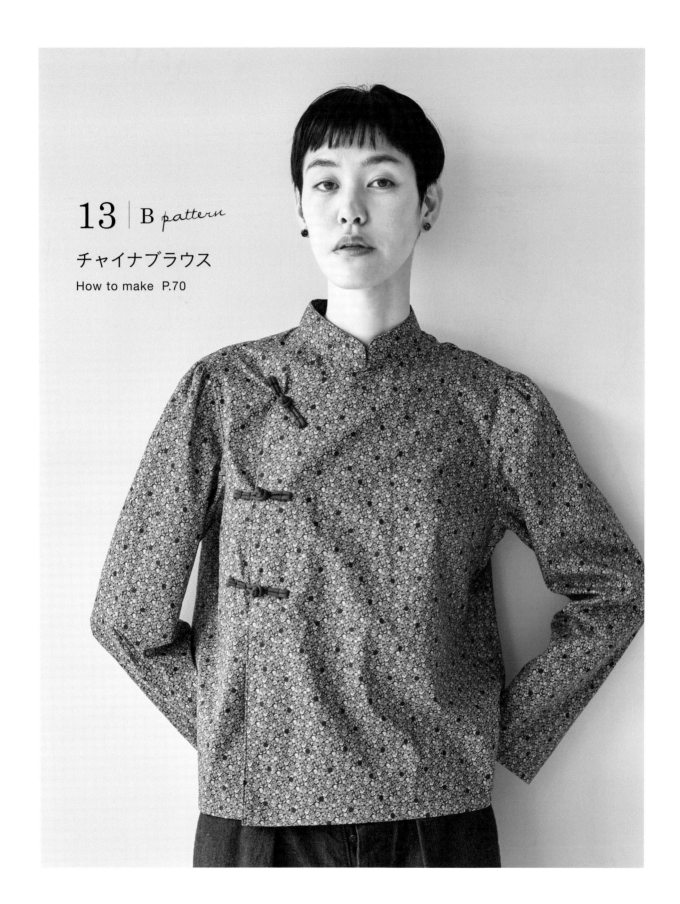

13 | B *pattern*

チャイナブラウス
How to make P.70

ブラウスを何着も作るなら、ちょっぴり個性的なチャイナ風に挑戦してみては。
象徴的なチャイナボタンも手作り。あえて無地にすることでアクセントになります。

生地／リバティジャパン

14 | B *pattern*

ティアードシャツ

How to make P.72

幅広の3段フリルが目を引く主役級シャツは、難しそうに見えてスタンダードな形にフリルを重ねづけしただけ。
初心者さんでも縫いやすいよう中・下段はぐるりと一気に、上段は袖ぐりをよけて前後別々につけます。

生地／リバティジャパン

15 ｜ C *pattern*

カジュアルシャツ

How to make P.74

袖つけ位置が低いドロップショルダー
パターンは、肩まわりがゆっくりで
動きやすいのが人気。メンズライクな
シャツも、ほどよくラフに仕上がります。
胸ポケットはあえてバイアス裁ちに
してアクセントに。

生地／CHECK & STRIPE

16 | C pattern

スタンドカラーの
オーバーブラウス

How to make P.80

着丈をやや長くしたオーバーブラウスは、ぜひ身頃とえりで柄合わせを。
すっと伸びるストライプ柄が、首を長く美しく見せてくれます。後ろはコンシールファスナーあきです。

17 | C pattern

スタンドカラーの
シャツカーディガン

How to make P.81

前後身頃ともにヨークで切り替え、ギャザーを入れたゆったりシルエットが魅力。
アウターにもいいよう、高さのあるえりを合わせた着心地のいい一枚です。

生地／生地の森

18 | C pattern

ヘンリーネックシャツ

How to make P.76

アンティーク調のフレンチリネンの雰囲気に
合わせた、ふくらみのあるクラシカルな袖と、
後ろが長いヘムラインが特徴的。
ボタンを留めてもいいですが、
少しえりを抜くとおしゃれに着こなせます。

生地／生地といろ

19 | C pattern

ギャザーブラウス

How to make P.78

ニュアンスのあるワッシャー加工生地で
ギャザーブラウスを作れば、
甘さをほどよく抑えた仕上がりに。
袖口にはゴムを通しているので、
たくし上げてバルーン袖風も楽しめます。

生地／CHECK & STRIPE

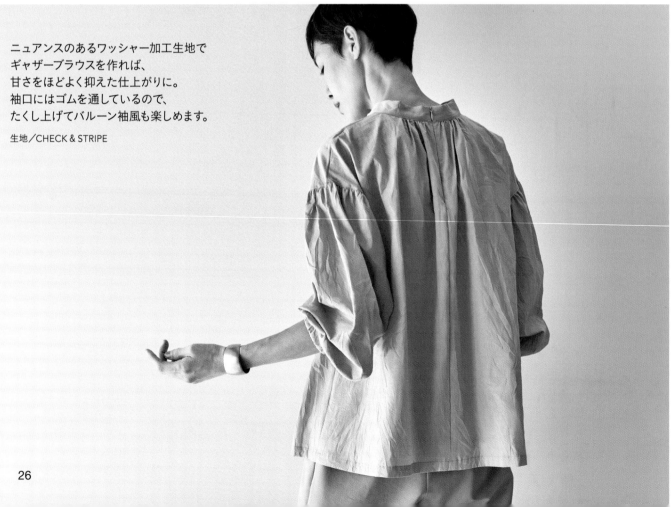

20 | C pattern

ガウン風コート

How to make P.82

シャツのパターンをもとにしたコートは、
共布のひもで結ぶガウン風。
ボタンいらずなので手軽に作れます。
ノーカラーですが、前端から続けて
カーブしたデザインがおしゃれのひとさじ。

生地／生地といろ

21 | C pattern

ダブルボタンベスト

How to make P.84

シャツと一緒に作り、重ね着スタイルを楽しんでほしいベスト。
リネン混のウールを選べば扱いやすく、オールシーズン着られるので便利です。

生地／生地の森

22 | C pattern

シャツワンピース

How to make　P.86

シャツの丈を延長するだけで作れるワンピースは、羽織りものにもなる
うれしいアイテム。写真は作品17のシャツを基本にえりを変え、
ポケットをつけるアレンジを加えています。

生地／Faux & Cachet Inc.

掲載作品のパターン・デザインバリエーション一覧

掲載作品は身頃3パターンをベースに、
えりぐりや裾などに入れたいくつかのデザイン線からひとつ選んで
えりや袖、カフスなどと組み合わせて作っています。
紹介の22作品はそのバリエーションの一部です。
ここで紹介のパターンやデザインの一覧を参考に、
ぜひ好みの組み合わせを楽しんでください。

※アレンジしやすいパターン・デザインを抜粋して表示しています。
※四角囲みの数字は型紙番号です。

身頃

シルエットや
着心地が異なる
3タイプから選べます。

A
パネル切り替えパターン
すっきりとしたシルエットで、
デザインポイントにもなる

B
胸ダーツ入りパターン
胸まわりが立体的になり、
スタイルよく仕上がる

C
ドロップショルダーパターン
袖つけ位置が低く、肩まわり
がゆったりで着心地がいい

袖

型紙番号

身頃A・Bパターン共通

異なる身頃でも共通して
4タイプの袖がつけられ、
カフスや袖あきの種類も
豊富です。

5
●プレーン

▷カフス・袖口

13
シングルカフス
パイピング始末＋タック

21
シングルカフス
短冊あき＋タック

ストレート（カフスなし）

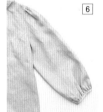
6
●ギャザー（袖山・袖口）

▷カフス・袖口

パイピング

22
ロングカフス
パイピング始末・くるみボタン

13
シングルカフス
パイピング始末

20
ダブルカフス
あきなし

6
●バルーン

7
●ギャザー（袖山）

身頃Bパターン

ノースリーブに
フリルを重ねづけした
袖風デザイン。

19
●フリル

身頃Cパターン

袖は2タイプあり、
そのほかにノースリーブに
することもできます。

33
●ストレート
※袖下線は2タイプ

▷カフス・袖口

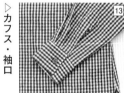
13
シングルカフス
パイピング始末＋タック

袖口切り替え

ストレート（カフスなし）

34
●ギャザー

▷カフス・袖口

40
袖口ギャザー（ゴム）

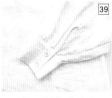
39
ツーボタンカフス
パイピング始末＋ギャザー

●ノースリーブ

**身頃 A・B・C パターン
共通**

〜えりぐりA線使用のえり〜

身頃3パターンともに
えりぐりA線を使用する場合は、
右記のえりから選べます。
（後ろあきのデザインもあるので注意）

9

スタンドカラー（台えり・角丸）

9 10

ウィングカラー

9 11

シャツカラー（小）・台えりつき

9 11

シャツカラー・台えりつき

18

フリルつきスタンドカラー
（後ろあき・スナップ）

9

バンドカラー
（台えり・スクエア）

35

スタンドカラー

37

ヘンリーネック

16 17

スモールカラー
（後ろあき・ボタン）

Back

身頃 C パターン

〜えりぐりB線使用のえり〜

2タイプでの入れ替えが
可能です。

36

ハイネック
（後ろあき・コンシールファスナー）

38

スタンドカラー
（後ろあき・コンシールファスナー）

身頃 C パターン

前肩ヨーク切り替え

身頃 A パターン

ラウンド

ギャザーペプラム

スクエア（スリットなし）
※着丈2タイプあり

フロントカーブ

Back

後ろスリット入り

身頃 B パターン

ラウンド

スクエア（スリットあり）

スクエア（スリットなし）
※着丈3タイプあり

身頃 C パターン

ラウンド

スクエア（スリットあり）

スクエア（スリットなし）
※着丈3タイプのほか、裾延長もあり

バックテール

縫い始める前に

□ 必要な用具

型紙作りから裁断、縫製、仕上げまでに必要な用具をご紹介。

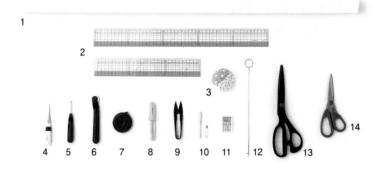

1 ハトロン紙
実物大型紙を写し取るのに必要。重ねて写せる透けるタイプがおすすめ。写す際のガイドになって便利な方眼入りもあり。

2 方眼定規
型紙を写したり、縫い代をつける際に方眼のラインを活用すれば、作業がラクに。45度の角度線で正バイアスも簡単に引くことができる。※写真は50cmと30cm。

3 まち針・ピンクッション
布を裁断する際や、縫い合わせる前にパーツ同士を固定するのに用いる。必要なときすぐ使えるよう、ピンクッションとセットで。

4 目打ち
縫い目をほどくだけでなく、えり先・裾の角出しやボタン穴・ポケット位置の印つけ、ミシンがけの布送りなどにも使う必需品。

5 リッパー
糸切りとしてはもちろん、ボタン穴をあけるのにも活躍。

6 ルレット　おもに印つけで使用。

7 メジャー　採寸をはじめ、布の用尺を測るのに使用するが、とくにカーブ部分を測るのに便利。

8 チャコ
布への印つけに必要。写真は初心者でも扱いやすく、線が一定に引けて使いやすいペン型の粉チャコタイプ。

9 糸切りバサミ
その名の通り、糸を切る専用のハサミ。切れ味がよいものを選んで。

10 ゴムテープ通し・安全ピン
ゴムテープを通すのに使用。

11 ミシン針
薄地、普通地、厚地用で針の太さが異なるため、適したものを用意。

12 ループ返し
布ループを作る際に使用。中表に縫った布ループに差し込み、引っ張るだけで簡単に表に返せる。

13 裁ちバサミ
全長23〜26cm程度のものが使いやすい。布以外のものを切ると切れ味が鈍ってしまうので注意。

14 紙切りバサミ
型紙をカットするのに使用。

□ あると便利な用具

ベテランさんが使えばより作業がスムーズに、初心者さんが使えばラクできれいに仕上がる便利な用具をご紹介。

1 アイロン定規
縫い代を折り上げる際、布に挟んだままアイロンが当てられるため便利なうえ、仕上がりも正確に。写真のように厚紙にサインペンで0.5〜1cm間隔の線を引くことで簡単に作れる。

2 熱接着両面テープ
仮止めしたい位置の布と布の間にテープを挟み、アイロンで接着させる。とくに、縫う距離が長い場合はまち針よりもラクに仮止めができ、縫いズレも少ない。

3 熱接着糸
スチームアイロンで溶け、ぴったりと密着してくれる糸状の接着剤で、しつけ代わりに使える。幅が狭く、カーブのあるバイアステープ始末などに使うと便利。

4 テープメーカー
指定の幅のバイアス布を通しながらアイロンで押さえれば、素早く一定の幅のバイアステープが作れる優れもの。

5 マグネット定規
ミシンの針板に磁石で固定し、縫い代幅を一定にして縫うためのガイドの役割を果たしてくれる。

6 コンシールファスナー押さえ
ファスナーの務歯がはまる溝つきで、ズレることなくきわを縫うことができる。押さえに合わせて、針の位置設定も変えることをお忘れなく。

□ 生地の準備（地直し）

やや粗織りのコットンやリネンなどは購入したままの状態だと縦糸と横糸がゆがんでいたり、洗うと縮んでしまうことも。そこで、事前に生地を整える作業（地直し）が必要です。

▶コットン・リネンなどの場合

 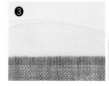 

❶布を水につけて浸透させ、水通しをする。脱水したら陰干しにし、生乾きの状態で布目のゆがみを正しながらアイロンをかける。
❷布端に目打ちを刺し、横糸をすくう。すくった横糸を布端から布端までそっと引き抜く。
❸横糸のラインに沿って、縦糸を切りそろえる。

▶ウールの場合

❶生地全体に霧吹きで水をたっぷり吹きかける。
❷❶をポリ袋などに入れて一晩おく。
❸全体がまだ湿っている状態でアイロンをかけて整える。

実物大型紙について

実物大型紙は直接切らずに、Step1〜3の手順で
作りたい作品の型紙をハトロン紙に写し取って使用します。

□ 実物大型紙の選び方

Step 1
**作りたい作品の
使用型紙番号をチェック**

作りたい作品の作り方ページを開く
と、裁ち合わせ図があります。そこ
には作品を作るために使用するすべ
ての型紙が、型紙番号とともに記さ
れています。

Step 2
デザイン線をチェック

裁ち合わせ図に記されている型紙には、身頃ならえりぐりA〜C、裾（も
しくは切り替え線）A〜E、袖なら袖口A〜Cといったように、実物大型紙上
にいくつかあるデザイン線のうち、どれを使用するかが書いてあります。

Step 3
自分のサイズをチェック

実物大型紙には7・9・11・13・15号の5サイズの線があります。49ページに
掲載されている参考寸法表のバストサイズを参考にサイズを選びます。

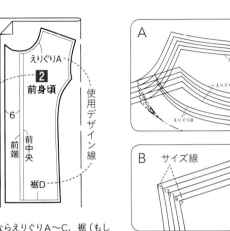

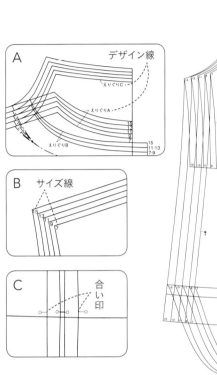

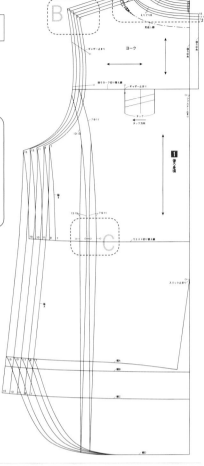

□ 実物大型紙の写し方　※透けるタイプのハトロン紙を使って写し取る方法が簡単。

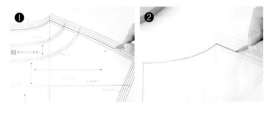

❶実物大型紙の選び方でチェック
した型紙上のサイズ線と使用デ
ザイン線に、見やすくなるよう、
マーカーなどで印をつけます。

❷実物大型紙の上にハトロン紙を
のせ、❶で引いたラインをたどっ
て合い印とともに写し取ります。

□ 縫い代つき型紙の作り方　※裁ち合わせ図を参照し、縫い代をつけます。

❶カーブのあるえりぐりは方眼定規
をカーブに沿って当てながら、細
かく点線状に印をしていきます。

❷点線をつなぎます。この方法なら
カーブ定規がなくてもOK。

❶傾斜のある袖下は、縫い代が足
りなくならないようにつけます。
袖下、袖口に指定の縫い代幅で
線を引きます。

❷袖口をでき上がり線で折り、袖下
を❶で引いた線でカットします。

❸完成。身頃の裾も同じ要領で、裾
を折って脇線をカットします。

□ 型紙に使われている線と記号

でき上がり線	作品の最終的な仕上がり線
わ線	わに裁つ線
見返し線	見返し始末の作品で使用。えりぐ
りなどのデザイン線と見返し線で
印をとり、見返しの型紙を作る。
布目線	布のみみを左右に置いたときの縦
方向が布目。生地の布目と型紙
の布目をそろえる。

※生地によって実物大型紙と布目が
異なる場合があるため、作り方ペー
ジの裁ち合わせ図を確認する。 |

バイアス

合い印	縫い合わせる際にずれないように
つける印で、印同士をまち針でと
めてから縫う。
タック	生地を折りたたんでひだを作る位
置。詳しいたたみ方は各作品の
作り方ページを参照。

Photo P.4

A pattern
ダブルストライプシャツを作りましょう

縫い代つき型紙を作って裁断し（33ページ参照）、ポイント以外は印をつけずに縫う、手早くできて簡単な方法で解説します（きれいに縫う方法は40ページ）。

材料	A布	C&S海のストライプ（ブルー）　110cm幅×120cm
	B布	C&S海のダブルストライプ（ブルー）　110cm幅×130cm
	接着芯	60×20cm（表台えり、表カフス分）
	ボタン	直径1.3cmを8個
	その他	1cm幅熱接着両面テープ（仮止め用。まち針でも可）

着丈	76.5cm

身幅	号	7	9	11	13	15
	cm	105	109	114	119	124

＊糸は見やすい色にかえています。

裁ち合わせ図

＊ □ は接着芯を貼る
＊縫い代は指定以外1cm

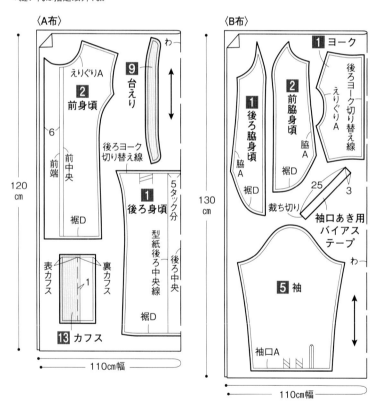

★ストライプ柄の生地に型紙を配置して裁断する際は、前身頃の「前中央」と後ろ身頃の「後ろ中央」ともに白またはブルーのストライプ線の線幅中央に合わせて型紙を配置する（前後で同じ色にする）。

裁断と縫う前の準備

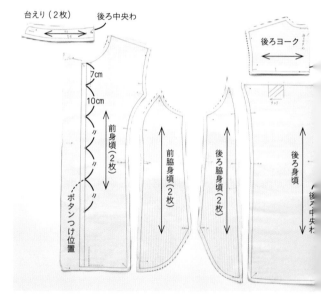

◎ 裁断

①裁ち合わせ図に表示してある型紙番号とデザイン線、縫い代幅を参照し、型紙から必要なパターンをハトロン紙に写し取り、縫い代をつけてカットします。その際、後ろ身頃は中央からタック分5cm延長します。

②裁ち合わせ図を参照して生地をたたみ、型紙を置いてまち針でとめる（または重りで固定）、後ろ身頃・後ろヨーク各1枚、前身頃・後ろ脇身頃・前脇身頃・袖・台えり・カフス・袖口あき用バイアステープ各2枚を裁断します。前身頃は前端のえりぐり部分の縫い代を多めにつけておきます。

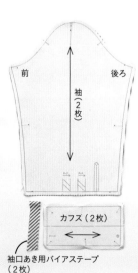

◎ポイントの印つけ（ノッチ）

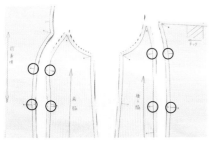

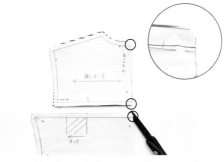

後ろ・前身頃、後ろ・前脇身頃の合い印各2カ所に0.3cm程度の切り込み（ノッチ）を入れます。

前身頃と後ろヨーク・袖の合い印、袖の肩位置、後ろ身頃・ヨークのタック位置にノッチを入れます。

ヨーク・後ろ身頃の中央は、二つ折りにした状態で角をそれぞれ三角に少しカットします。

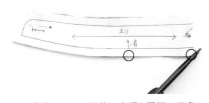

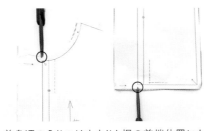

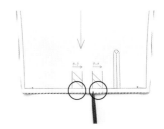

えりの中央もヨークや後ろ身頃と同様に三角に少しカットし、肩位置にノッチを入れます。

前身頃のえりつけ止まりと裾の前端位置にもノッチを入れます。

袖はタック位置（4カ所）にノッチを入れます。

◎接着芯を貼る

台えりは表側になる1枚のみ全面に貼ります。カフスは2枚とも表側になる面のみ（半分）に貼りますが、中央から1cmかかるようにします。

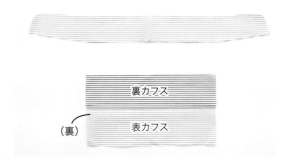

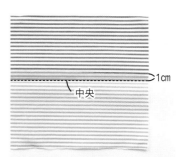

縫い方　1　前端を始末する

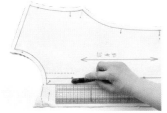

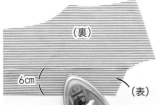

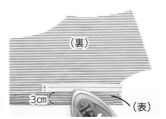

1　前身頃に型紙を重ねてルレットで前端位置に印をつけ、6cm折り上げます（左右同じ色のストライプで折れているか確認）。さらにアイロン定規を使って3cm折り込み、完全三つ折りにします。

※ルレットを使うのはチャコの色残りを防ぐため。濃い色の場合はチャコでも可。

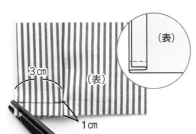

2　三つ折りにした前端をいったん二つ折りに開き、身頃と中表に合わせて裾を縫い、角の縫い代をカットします。

3　2で縫ったところに親指を入れ、裾の縫い代を人さし指で折りながら表に返します。

4　表に返したところ。角は0.5cm手前から目打ちを差し込み、引き出すようにしてきれいに整えます。

2 身頃のパネル切り替えを縫い、裾を折る

Point

1 前身頃と前脇身頃を中表に合わせ、カーブがふくらんでいる脇身頃を見ながらまち針でとめます。このとき、指の腹でなじませながら寸法を合わせるのがコツ。袖ぐり側は必ずでき上がりで合わせます。

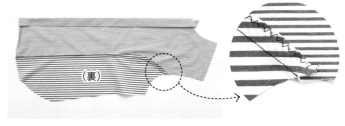

2 脇身頃を見ながら1と同様になじませながら縫います。縫い代は2枚一緒に縁かがりミシンをかけ、前身頃側に倒します。

3 表に返して前身頃側のはぎ目にステッチをかけます。

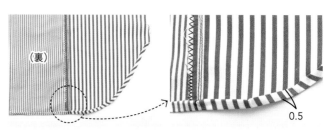

4 裾を前端の要領でアイロン定規を使い、1cm折り上げ、0.5cm折り込んで三つ折りにします。もう1枚の前身頃と後ろ身頃も1〜4を参照して切り替えを縫い、裾を折り上げます。

3 前端と裾を縫う

1 前端を熱接着両面テープで仮止めします。まず二つ折りに開き、アイロンでテープを貼ります。

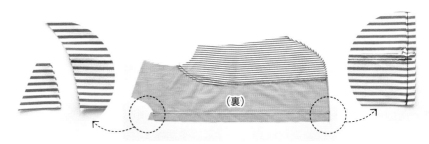

2 テープの剥離紙をはがしながら三つ折りに折り直してアイロンで仮止めし、前端・裾の順に縫います。ここでえりぐりの余分な縫い代をカットします（もう1枚の前身頃も同様にして縫う）。

4 後ろ身頃の裾を縫い、ヨークをつける

1 前身頃と同様に裾を縫います。

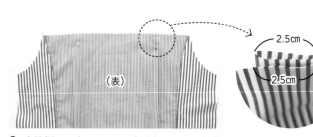

2 右脇側は写真のように、左脇側はそれと対称にタックをたたみ、まち針でとめます。

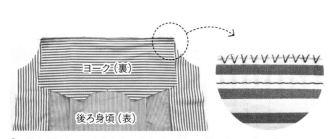

3 後ろ身頃とヨークを中表に合わせて縫い、縫い代は2枚一緒に縁かがりミシンをかけてヨーク側に倒します。

4 ヨーク側のはぎ目のきわにステッチをかけます。

5 肩を縫う

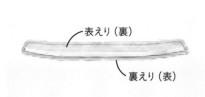

Point

後ろ身頃（表）／前身頃（裏）

後ろ・前身頃を中表に合わせて肩を縫います。縫い代は2枚一緒に縁かがりミシンで始末し、後ろ身頃側に倒します。

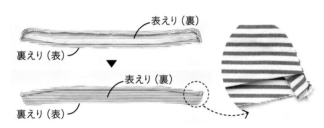

表えり（裏）／裏えり（表）

2 表えりと裏えりを中表に合わせ、表えりの縫い代は折ったままつけ側を残して縫います。

Point

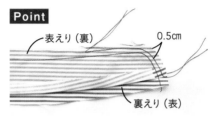

表えり（裏）／0.5cm／裏えり（表）

3 角の丸みをきれいに出すために、えりのカーブ部分に針目を約0.4cmに粗くしたギャザーミシンを1本かけます（返し縫いはしない）。

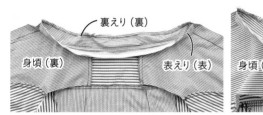

表えり（裏）／裏えり（表）／表えり（裏）／裏えり（表）

5 2で縫った縫い代をアイロンで折り、表に返してアイロンで整えます（こうすると角の丸みがきれいに出る）。

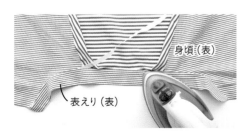

裏えり（裏）／身頃（裏）／表えり（表）

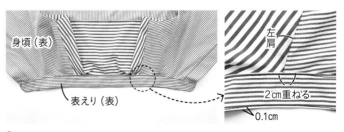

7 えりぐりを縫い、縫い代に1cm間隔で切り込みを入れます。

6 えりを作り、身頃につける

表えり（裏）／1cm残す／1cm残す

1 接着芯を貼った表えりのつけ側の縫い代をでき上がりに折り、熱接着両面テープを貼ります（両端の縫い代1cmは厚みが出ないよう貼らずに残す）。

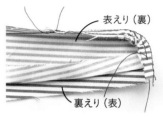

表えり（裏）／裏えり（表）

4 ギャザーミシンの糸端を引いてギャザーを寄せてカーブ部分の縫い代を折り、アイロンで押さえます。

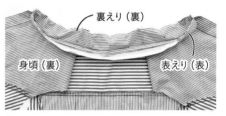

裏えり（裏）／身頃（裏）／表えり（表）

6 身頃（裏）に裏えり（表）を合わせ、両端、中央、肩、さらにその間の順にえりぐりをまち針でとめます。

身頃（表）／表えり（表）

8 表えりを身頃に重ね、熱接着両面テープの剝離紙をはがしながら縫い目を隠すようにアイロンで貼り、仮止めします（えりがよれずに身頃にきれいにつく）。

身頃（表）／表えり（表）／左肩／2cm重ねる／0.1cm

9 えりにぐるりとステッチをかけます。このとき、目立たない左肩から返し縫いをせずに縫い、縫い始めと2cm重ねて3〜4針返し縫いして縫い終わります（前端側は着用時に目立つのでさける）。

7 袖を作る

Point

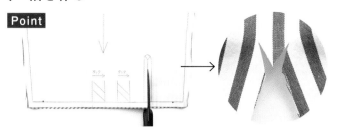 

1 袖2枚を中表に合わせて型紙を重ね、あき位置に型紙通りY字に切り込みを入れます。

2 バイアステープを折ります。指先で上、下辺を同寸で突き合わせに折りたたみながら、アイロンで押さえます。

左袖（裏）

バイアステープ（裏）

左袖（表）

3 あきの切り込みを広げてまっすぐにし、バイアステープを開いて袖（裏）に写真のように重ねて折り目を縫います。このとき、Y字に切り込んだ部分もミシンがかかるようにします（写真右は袖を表に返したところ）。

左袖（表）

バイアステープ（裏）

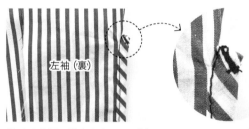

左袖（裏）

4 バイアステープを表に折り返して縫い目を隠すように整え、ステッチをかけます。余分なバイアステープはカットします。

5 あき位置で袖を中表に二つ折りにし、バイアステープの先を三角に縫い止めます（補強のために2〜3度重ねて縫う）。

（前袖側）（後ろ袖側）（前袖側）（後ろ袖側）

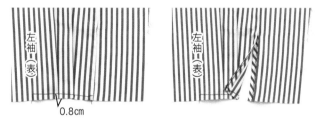

左袖（表）　左袖（表）

0.8cm

6 前袖側はバイアステープを裏側に折り込んで整えます。見えた状態の後ろ袖側のバイアステープは持ち出し分になります。

7 袖のタックをたたみ、ステッチで仮止めします。写真右はタックを仮止めして、袖あきをめくったところ（右袖も同様にして対称に縫う）。

8 身頃に袖をつけ、袖下から脇を縫う

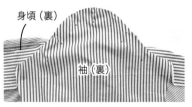

身頃（裏）

袖（裏）

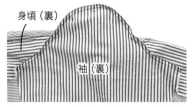

身頃（裏）

袖（裏）

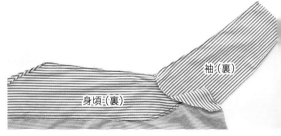

身頃（裏）

袖（裏）

1 身頃と袖を中表に、袖下と脇、肩、合い印の順にぴったりと合わせ、さらにその間もまち針を打ってとめます。

2 身頃と袖を縫い合わせます。縫い代は2枚一緒に縁かがりミシンで始末し、身頃側に倒します。

3 脇、袖下をそれぞれ中表に合わせて続けて縫い、縫い代は2枚一緒に縁かがりミシンで始末します。

9 袖にカフスをつける

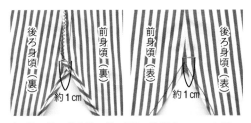

4 脇の縫い代を後ろ側に倒し、脇裾をステッチ（2〜3回返し縫い）で押さえます（反対側も同様に縫う）。

1 接着芯を貼った表カフス側の縫い代をでき上がりに折り、熱接着両面テープを貼ります。

2 カフスを中表に二つ折りにして両端を縫い、角の余分な縫い代をカットします。

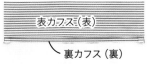

3 両端の縫い代を表カフス側に倒し、表に返して整えます。

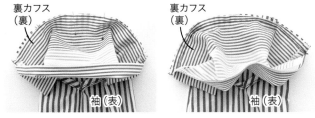

4 袖（裏）に裏カフス（表）を合わせてまち針でとめ、カフス側を見ながら縫い合わせます。

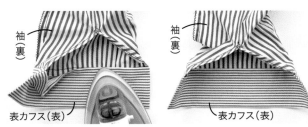

5 カフスを表に返し、テープの剝離紙をはがしながら縫い目を隠すようにアイロンで貼り、袖に仮止めします。

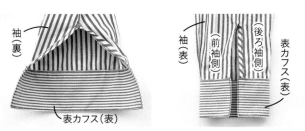

6 表カフス側を見ながらぐるりとステッチをかけます。このとき、目立たない袖口あきの重なりが下になるほう（後ろ袖側）から返し縫いをせずに縫い、縫い始めと2cm重ねて3〜4針縫い戻って終わります（写真右は表に返したところ）。

10 仕上げる

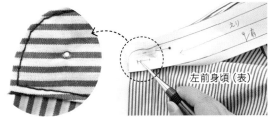

1 台えりと前身頃、カフスそれぞれに型紙を重ね、ボタンつけ・ホールの位置に目打ちを刺して穴をあけ、印をつけます。このとき、台えりと前身頃は左右をぴったり重ね、2枚一緒につけます（ボタンホール位置はP.40参照）。

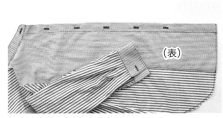

2 ボタンホールを縫って穴をあけ、ボタンをつけます。穴をあけるときはまち針をストッパーにし、リッパーで中央に切り込みを入れるようにします。

ボタンをつければ完成！

ポイントプロセス解説

作品をスムーズに作るためのテクニックや、きれいに縫うためのコツを
ピックアップして解説します。

□型紙裾線の延長の仕方

＊この方法を使えば、好みの丈に調整できる。

目安となる
裾線
↓

❶身頃の中央、脇線にそれぞれ
方眼定規を当て、必要な寸法分
線を引いて延長します。

❷目安となる裾線から必要な寸
法分を方眼定規で点線状に印を
つけます。

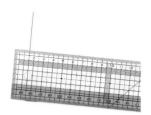

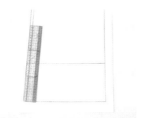

❸線を方眼定規でつなぎますが、
脇線とぶつかる角は直角にな
るように引きます。

❹点線をつなぎ、裾線が延長で
きたところ。丈を短くする場合も
同じ要領。

□ボタンとボタンホール位置の印のつけ方

＊あらかじめ作り方ページにある案内図を参照し、
写し取った身頃の型紙にボタン位置の印をつけておく。

ボタンつけ位置

前身頃や袖に型紙を重ね、目打ちを
刺して穴をあけて印をつけます。前身
頃はボタンホールをあける右前身頃も
一緒に左前身頃とぴったり重ね、2枚
一緒につけると作業がスムーズ（ボタ
ンホール位置はボタンつけ位置を基
準にするため）。

ボタンホール位置

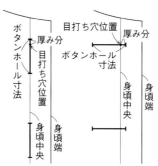

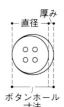

まず、つけるボタンの直径＋厚み分から、
ボタンホール寸法を出します。次に、
ボタンつけ位置でつけた目打ちの穴を
基準にボタンホール位
置を決めますが、ボタン
の厚み分を図のように
目打ちの穴位置から出
します（ボタンを留めた
ときに、身頃の中央同
士がぴったり重なるよう
にするため）。

□ポイント以外の印をつけずに縫う方法

＊縫い代つき型紙と便利な用具に使い慣れたら、でき上がり線の印をつけなくても手早くきれいに縫える。

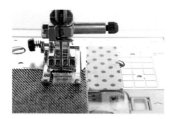

ミシンの針板を活用

ミシンの針板に目盛がついている
場合は、その目盛を目安に確認し
ながら縫えます。

マグネット定規を使用

ミシンの針板に磁石で固定すれば、
ガイドの役割に。縫い代幅を一定に
保った状態で縫うことができます。

マスキングテープを貼る

縫い代幅分の寸法を測ってマス
キングテープを貼り、テープ端に沿わ
せるようにして縫います。

●縫い始めるときのコツ

上糸と下糸を指先で持ち、進行方
向に引っ張りながら縫い始めると
ミシンがスムーズに進みます。

□接着芯について

見返しやえり、カフスなどの裏面に
貼って形状を保ったり、ファスナー
やボタンホールつけ位置の裏に貼る
ことで補強の役割をします。

▶種類

小物と比べ、ウエアで使用するのはこのような薄手。とくに本書の作
品はすべて、天然から合繊素材まで使用できてストレッチ性のある接
着芯を使用しています。色は表側に出ないものの、生地の色に合わせ
て黒と白を用意しておくと便利。

▶貼り方

アイロンは中温に設定し、スチームを当
てながら押しつけるように接着します。

※高温だと縮んだり、溶けてしまうことも。また、
すべらせて接着するとシワが寄るので注意。

□ 裾のカーブ部分のきれいな縫い方 　※プロセスの縫い代は脇1cm、裾は2cm

❶縫い代は一度折っておき、縫い代に針目を約0.4cmに粗くしたギャザーミシンを1本かけます（返し縫いはせず糸端を縫い始め・終わり各5cm残す）。

❷でき上がり寸法にカットした裾部分の型紙を重ねます。

❸ギャザーミシンの上糸を左右それぞれから引き、半分ずつギャザーを寄せます。片側ですべて寄せず、左右から半分ずつ寄せることでギャザーが片寄らずきれいに。

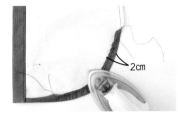

❹型紙を重ねたままアイロンを当てて、縫い代を押さえて整えます。

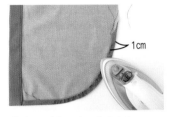

❺縫い代を三つ折りにして整えます。

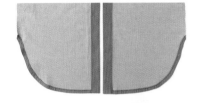

❻ステッチをかけて仕上げます。

□ 裾のスリットあき始末（脇の縫い代を後ろ身頃側に倒す場合）　※プロセスの縫い代は脇が1cm、スリットあきが2cm

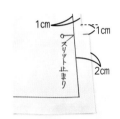

❶型紙に縫い代をつける際、スリット止まりから1cm上に向かって斜めに脇の縫い代とつなぎます。

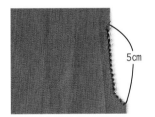

❷前身頃のスリット止まりから上約5cmに縁かがりミシンをかけます。

❸後ろ身頃と前身頃を中表に合わせ、脇をスリット止まりまで縫います。

❹裾、スリットあきの順に縫い代をアイロンで仕上がりに折ります。

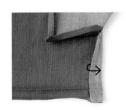

❺❹で折った縫い代をいったん開きます。スリットあきの縫い代を身頃と中表に二つ折りにし、続けて三つ折りに折り直します。

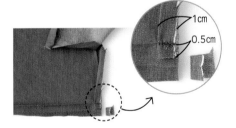

❻裾を縫い、余分な縫い代をカットします。

❼❻前端の裾の始末（P.35参照）の要領で表に返して整えます。

❽もう一方の裾も同様にし、脇の縫い代は2枚一緒に、続けて❷の後ろ身頃側も縁かがりミシンで始末します。

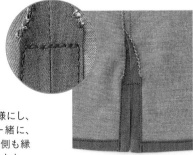

❾スリットあきと裾の縫い代をもう一度アイロンで整え、それぞれステッチをかけます。あき止まり位置のみ補強のために二度縫いします（写真右は表に返したところ）。

□台えりつきシャツカラーの縫い方とつけ方

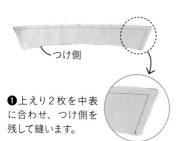

❶上えり2枚を中表に合わせ、つけ側を残して縫います。

❷接着芯を貼った表えり側に縫い代を倒します。

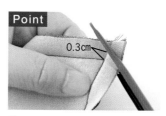

Point　0.3cm

❸上えりの角の縫い代は、0.3cm残して三角にカットします。

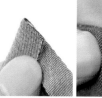

❹角の縫い代を指先で押さえたまま上えりを表に返し、目打ちで角を整えます。

Point　約5cm

❺整えた角をひと針すくい、糸を通します（もう一方の角にも同様に通す）。

❻つけ側を残して上えりにステッチをかけます。角まできたら針は刺したまま押さえ金を上げ、向きを変えます。再び押さえ金を下ろしたら、❺で通した糸を進行方向に引きながらミシンをスタートさせます。

❼❻の方法で縫った角。縫い代が厚くてミシンがうまく進まず、糸がたまりやすい角も、スムーズに縫えて仕上がりもきれいに。

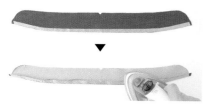

❽接着芯を貼った表台えりのつけ側縫い代に熱接着両面テープを貼り、縫い代をでき上がりに折ります。

裏台えり（表）
裏上えり

❾裏台えりに裏上えりを重ね、後ろ中央とえりつけ止まり、さらにその間をまち針でとめます。

表台えり（裏）　裏上えり　裏台えり（表）

❿❾に表台えりを中表に合わせて上えりを挟み、まち針を打ち直します。

⓫表台えりの縫い代は折ったまま、つけ側を残して台えりを縫います。

Point　0.5cm

⓬角の丸みをきれいに出すために、台えりのカーブ部分それぞれに針目を約0.4cmに粗くしたギャザーミシンを1本かけます。

⓭糸端を引いてギャザーを寄せてアイロンで押さえ、表に返してアイロンで整えます（こうすると角の丸みがきれいに出る）。

●身頃にえりをつける

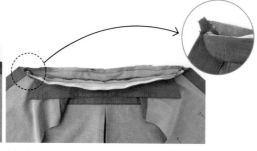

❶身頃（裏）と裏台えりを合わせ、両端、中央、肩の順にまち針でとめ、さらにその間もまち針でとめて縫い合わせます。

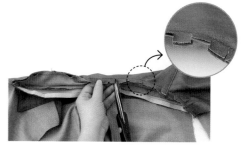

❷❶で縫ったえりぐりの縫い代に、縫い目のきわまで1cm間隔で切り込みを入れます。

❸ 表台えりを身頃に重ね、熱接着両面テープの剥離紙をはがしながらアイロンで貼り、仮止めします（えりがよれずに身頃にきれいにつく）。

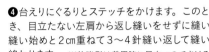

❹ 台えりにぐるりとステッチをかけます。このとき、目立たない左肩から返し縫いをせずに縫い、縫い始めと2cm重ねて3〜4針縫い返して縫い終わります。　※前端側は着用時に目立つのでさける。

□ギャザーのきれいな寄せ方

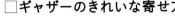

0.3 cm　0.8 cm

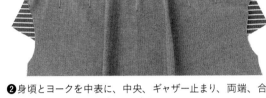

1cm

❶ 後ろ身頃の縫い代に、針目を0.3〜0.4cmに粗くしたギャザーミシンを2本かけます（返し縫いはせず糸端は縫い始め・終わり各5cm残し、ギャザー止まりより2cm長くかける）。

❷ 身頃とヨークを中表に、中央、ギャザー止まり、両端、合い印の順に合わせてまち針でとめます。

❸ 片側ずつギャザーミシンの糸端を2本一緒に引き、ギャザーを寄せます。合い印から合い印へと間隔ごとに寄せると片寄らずきれいに。最後は均等になるように整え、合い印と合い印の間にまち針を打ってギャザーを固定します。

❹ ギャザーミシン糸は抜かず、そのまま身頃とヨークを縫い合わせ、2枚一緒に縁かがりミシンで始末します。

❺ 縫い代をヨーク側に倒し、ステッチで押さえてアイロンで整えます（後ろ身頃を裾側にやや引っ張りながら当てると、かけやすくきれいに）。

□共布ループの作り方　※バイアステープ幅2.5cmで解説

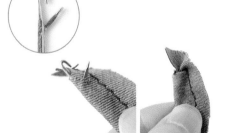

0.6cm　わ

❶ バイアステープを中表に二つ折りにし、縫います。
※バイアステープの作り方はP.48参照。

❷ 縫い代は芯にするためあえてカットせず、そのまま❶にループ返しを差し込みます。

❸ ループ返しの先にバイアステープの端を引っかけ、ループ返しを引いて布を引き込みます。

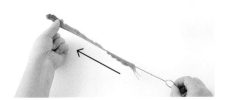
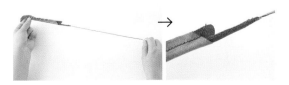

❹ バイアステープをループ返しの先にたぐり寄せるようにしながら、ループ返しを引きます。

❺ ❸の端が見えたら、ループ返しを引いてそっと引き出していき、表に返します。

❻ アイロンを当てて整えます。

□袖山のギャザーの寄せ方と縫い方

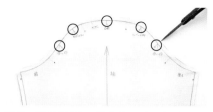

❶袖に型紙を重ね、袖中央、ギャザー止まり、合い印に0.3cm程度の切り込み（ノッチ）を入れます。

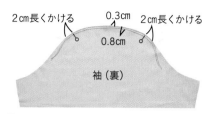

❷裏から袖山の縫い代に針目を0.3～0.4cmに粗くしたギャザーミシンを2本かけます（返し縫いはせず糸端は縫い始め・終わり各5cm残す）。

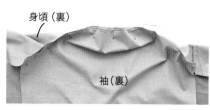

❸ ❷を身頃と中表に合わせ、袖中央と身頃の肩線、ギャザー止まり、合い印、袖下の順にまち針でとめます。

❹片側ずつギャザーミシンの上糸2本を一緒に引いてギャザーを寄せ、身頃と袖のギャザー止まり間がぴったり合うようにし、最後はギャザーが均等になるよう整えます。

❺袖ぐりを縫い、縫い代は2枚一緒に縁かがりミシンで始末します。ギャザーミシン糸は抜かなくてOK。余分な糸端はギリギリでカットします。
※表から見えるときは抜く。

□プリーツの縫い方

※前身頃で解説。後ろ身頃も同様

※プリーツの印を布につける際はチャコで線を引くとわかりやすく縫いやすい。白い生地など色が残りそうな場合はルレットやヘラを使用するといい。

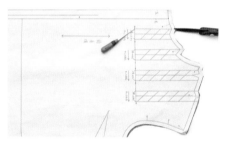

❶型紙を重ね、プリーツ位置のえりぐり側は0.3cmほどの切り込み（ノッチ）を入れ、縫い止まり側は目打ちを刺して小さな穴をあけて印をつけます。

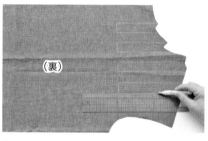

❷型紙をはずし、切り込みと穴を結んでチャコで線を引きます。

❸プリーツを1本ずつ中表に❶の目打ちの穴同士、ノッチ同士、その間の順にまち針でとめてたたみます。

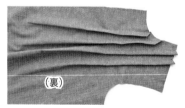

❹ ❸を縫いますが、縫い終わりは写真のように縫い止まりから1cm下まで斜めに縫います（このようにするとプリーツが安定してえりぐりを縫う際にもずれず、縫いほつれの心配もない）。

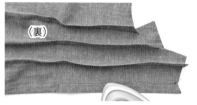

❺プリーツをたたんだ状態で1本ずつアイロンを当てます。

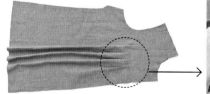

❻表に返し、アイロンでプリーツを前中央側に倒して整えます。このとき、プリーツから下を手で裾に向かって軽く引っ張りながら当てると形が整います。

□袖の短冊あきの縫い方

Point

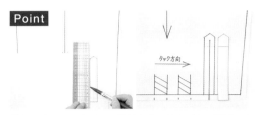
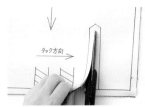

❶ 短冊布のでき上がりの型紙を作ります。袖の型紙の上にハトロン紙をのせて短冊の形を写し取り、型紙を作ります。これを芯にして縫い代を折ると仕上がりがきれいに。

❷ 袖2枚を中表に合わせ、型紙を重ねて短冊のあき位置にハサミで切り込みを入れます。

❸ 右袖、左袖それぞれにつける短冊布の向きは写真の通り。あき位置に短冊布が上下に重なるようにつけていきます。

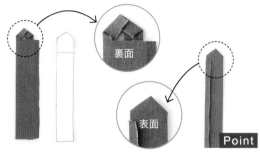
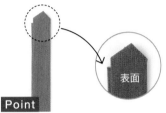

❹ 左袖の短冊を作ります。短冊布2枚（上側・下側分）をそれぞれ外表に二つ折りにします。

❺ 二つ折りをいったん開いて❶で作った型紙をのせ、1～3の順にアイロンで縫い代を折ったら二つ折りに戻します（縫い代を折ったら型紙ははずす）。

❻ さらに残りの縫い代を表側に巻きつけるように折ります。

❼ ❻の縫い代を内側に折り込みます。表側に巻きつけるように折ることで厚み分をとらせ、仕上がりは裏面が少しはみ出した状態に。

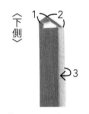
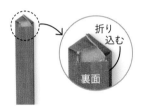

❽ 上側と同様に型紙をのせ、1～3の順にアイロンで縫い代を折ります。下側は上側と対称に、裏面が少し控えられた状態に。

❾ 上側の短冊から袖につけます。袖の切り込みの左側に写真のように中表に合わせ、縫います。

❿ 短冊布を表に返し、裏面で袖の縫い代をくるみます。

⓫ 表面に型紙を当ててあき止まり位置の印をルレットでつけ、コの字にステッチをかけます。

⓬ 下側の短冊をつけます。袖の切り込みの右側に写真のように中表に合わせ、縫います。

⓭ 表に返して整えます。

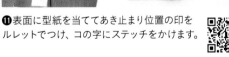

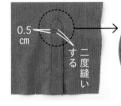

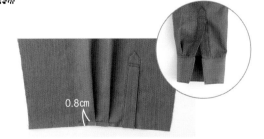

⓮ 上側と同様にあき止まり位置の印をつけ、コの字にステッチをかけます。

⓯ 上側と下側をぴったり重ね、写真右を参照して2枚一緒に短冊の先にステッチをかけます。

⓰ 袖あき側に向けてタックをたたみ、ステッチで仮止めします。右袖も同じ要領で袖を作ります（右上写真はカフスをつけたところ）。

45

□コンシールファスナーのつけ方

※プロセスの縫い代は1cm。ファスナーはつけ寸法より2cm以上長いものを選ぶ（あとでカットする）。

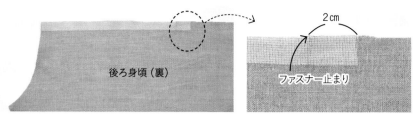 

後ろ身頃（裏）

2cm

ファスナー止まり

❶後ろ身頃2枚のファスナーつけ位置に、1cm幅の伸び止めテープ貼ります。このとき、ファスナー止まりより下に2cmほど長く貼ります。

❷後ろ身頃2枚とも、後ろ中央の縫い代に縁かがりミシンをかけます。

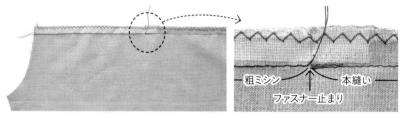 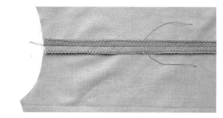

粗ミシン　本縫い

ファスナー止まり

❸2枚を中表に合わせて後ろ中央を縫います。まず裾からファスナー止まりまでを本縫いで（縫い始めと終わりは返し縫い）、次にファスナー止まりからえりぐりまでは針目を約0.4cmに大きくした粗ミシン（仮縫い）で縫います（返し縫いはせず、糸端各約5cm残す）。

❹❸の縫い代をアイロンで割ります。

Point

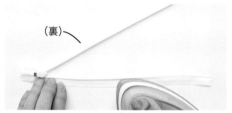

（裏）　　　　　（表）

❺コンシールファスナーの務歯（むし）をアイロンで起こし、開きます（テープ側から務歯側に向かってアイロンをすべらせるようにする）。
※アイロンの温度は中温に設定。

❻ファスナーのテープの表面両側に、熱接着両面テープを貼ります。

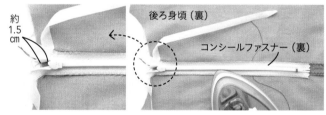 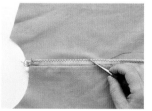

約
1.5
cm

後ろ身頃（裏）

コンシールファスナー（裏）

（表）

❼❹にファスナーを仮止めします。まず、ファスナーの上止めがえりぐりから約1.5cmの位置にくるように重ねます。次にファスナーの熱接着両面テープの剥離紙をはがしながらアイロンを当てます。
※このとき、ファスナーはファスナー止まりを越して貼りつけることになるが、あとでカットするのでこのままでOK。

❽❸で縫った粗ミシンをほどきます。写真右は粗ミシンをほどき、表側から見たところ。

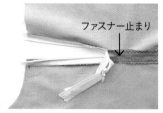 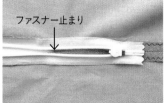 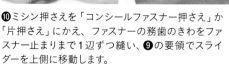

ファスナー止まり　ファスナー止まり

❾ファスナーのスライダーを下止めまでおろします。このとき、ファスナー止まりから下止めまでは仮止めしたファスナーをはがしてめくり、スライダーをずらします。

❿ミシン押さえを「コンシールファスナー押さえ」か「片押さえ」にかえ、ファスナーの務歯のきわをファスナー止まりまで1辺ずつ縫い、❾の要領でスライダーを上側に移動します。

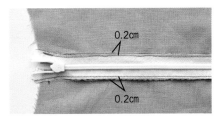 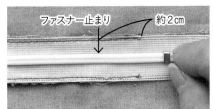 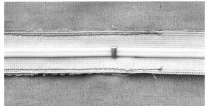

⓫ファスナーの端にステッチをかけ、身頃の縫
い代に縫いつけます。このとき、ファスナー止
まりより約2cm長く縫います（⓬写真参照）。

⓬ファスナーの下止めをファスナー止まりまでずらします。

 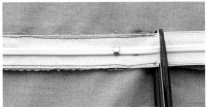 

⓭ペンチなどで下止めを締めて固定し、テープ端はファスナー止まりから約2cm残してカットします。

⓮表に返したところ。えりぐりからはみ出た余
分なファスナーテープはカットします。

□胸ダーツの縫い方

型紙の準備

❶実物大型紙をハトロン紙に写し
取り、袖ぐりと脇は胸ダーツの手前
まで縫い代をつけます。

❷ダーツの上線をつまむようにして折り目をつけ、下線
にぴったり重ね合わせます。

❸❷を重ね合わせたまま、脇の縫い代線でカットします。

縫い方

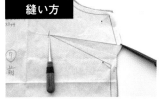  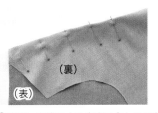

❶ダーツ位置の端2カ所に約0.3cmの切り込み（ノッチ）を入れ、ダーツ先は
目打ちを刺して小さな穴をあけて印をつけます。続けて型紙をはずし、切り
込みと穴を結んでチャコで線を引きます。

※チャコで線を引くとわかりやすく縫いやすいが、白い生地など色が残りそうな場合
はルレットやヘラを使用するといい。

❷胸ダーツ線同士を中表に合わせてまち針でとめ、ダーツの幅が広いほうか
ら縫います。縫い始めは返し縫いをし、先は返し縫いをせずに糸端を約10cm
残します。

※生地が厚い場合は先を1針分縫い残す。

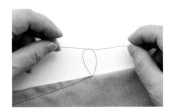 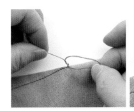 

❸❷で残した糸端を写真のように
2回結びます。

❹次に糸端を2本一緒に固結びにし、糸端を約1.5cm
残して切ります。

❺ダーツをアイロンで上側に倒します。

※生地が厚い場合、先を1針分縫い残すことで先がくぼま
ずきれいに仕上がる。

□バイアステープの作り方

▶裁ち方

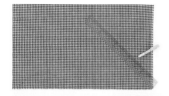  

❶布のみみに対して、方眼定規を45度に当てます（5cm幅の定規の角と5cmのところをみみに合わせると、ちょうど45度になる）。

❷方眼定規のマス目を上手に使い、バイアステープを作るのに必要な幅分（写真は2.5cm）の線を平行に引きます。

❸線に沿って生地をカットします。

▶はぎ合わせ方

❶バイアスにカットした布2枚を突き合わせます。

❷テープ同士を中表に合わせ、0.5cm幅で縫い合わせます。

❸アイロンで縫い代を割って整え、余分な縫い代はカットします。

▶作り方

テープメーカーを使う場合

  アイロンのみの場合

❶バイアス布の先をテープメーカーに差し込み、写真のように通します。

❷布を引き出しながらアイロンで押さえていきます。

指先で布の上、下辺を同寸で付き合わせに折りたたみながら、アイロンで押さえていきます。

□パイピング始末　※パイピング始末をする部分は縫い代をつけず裁ち切りにし、バイアステープでくるみます。

❶テープの折り目を開いて身頃とテープの端を合わせ、テープをやや引き気味にぴったりと合わせて折り目を縫います。
※バイアステープの手前側は浮く感じになる。

❷テープを表に折り返し、❶の縫い目を隠すように整えます。
※熱接着糸（P.32参照）を挟んで仮止めするときれいに仕上がる。

❸表側からテープ端にミシンをかけます。

□えりぐり、袖ぐりの裏バイアス始末　※プロセスは袖ぐりで解説。

❶バイアステープを身頃と中表に合わせてまち針でとめますが、外側がなじむように伸ばし気味に合わせます（内側は波打つ感じになる）。
※バイアステープの作り方は上参照。

❷バイアステープの折り目を縫い、袖ぐりのカーブ部分の縫い代に切り込みを入れます。バイアステープを表に返し、裏側からステッチをかけ、脇からはみ出した余分はカットします。

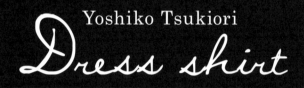

Yoshiko Tsukiori
Dress shirt
作品の作り方

この本では7・9・11・13・15号の5サイズが作れます。
下記の参考寸法表のバストサイズを参考にサイズを選んでください。

参考寸法表					単位＝cm
	7号	9号	11号	13号	15号
バスト	78	83	88	93	98
ウエスト	59	64	69	74	80
ヒップ	86	90	94	98	104
身長	160	160	160	160	160

＊下着を着用した状態で採寸してください。

作り方に関するおことわり

- 図中の数字の単位はcmです。
- 生地の用尺や寸法、材料など、ひとつの数字で表示されているものは5サイズ共通です。
  5つ並んだ数字は左もしくは上から7・9・11・13・15号の順で表示しています。
- 裁ち合わせ図の配置は7～11号を基準に作成しています。
  サイズによって生地の用尺が異なる作品は、裁ち合わせ図の配置が変わる場合があります。
  あらかじめ、すべての型紙を配置し、確認してから裁断してください。
  わで裁つ場合は指定以外、生地を中表にたたむ図になっています。
- ひとつの身頃から複数の作品を作るため、身頃にはギャザー分やタック分が含まれていません。
  各作り方ページに表示のパターン引き方図を参照し、パターンを写し取る際に追加してください。
- 寸法図が表示してあるものは、実物大型紙がありません。表示の寸法通りにご自身で
  型紙を作っていただくか、生地に直接線を引いて（指定の縫い代をつける）、裁断してください。
- 本書では分かりやすいように、後ろえりぐり線と肩線の交点から垂直に裾まで測った寸法を
  着丈と表示しています。また、作り方ページに表示の着丈は9号サイズです。

□**着丈** 62.5cm

□**身幅**

号	7	9	11	13	15
cm	95	99	104	109	114

□**材料**

A布…綿ストライプ（グレー×白）118cm幅×7号～11号220cm、13～15号260cm

B布…白無地110cm幅×40cm

接着芯…90×60cm

ボタン…直径1.3cmを7個

□**作り方**

[縫う前の準備]

●表台えり、表ウィングカラー、カフス（2枚）全面の裏に接着芯を貼る。

1 前・後ろ身頃のパネル切り替えを縫う（P.36参照）。

2 身頃とペプラムを縫う。

3 前端の裾を始末し、前端を縫う。

4 肩を縫う（P.37参照）。

5 えりを作る。

6 身頃にえりをつける（P.37参照）。

7 袖山と袖口にギャザーを寄せる（P.55の**5**参照）。

8 身頃に袖をつける（P.44参照）。

9 袖下から脇を縫う（P.38参照）。

10 カフスを作る。

11 袖にカフスをつける。

12 裾を縫う。

13 ボタンホールをあけ、ボタンをつける。

裁ち合わせ図

＊ ▧ は接着芯を貼る
＊縫い代は指定以外1cm

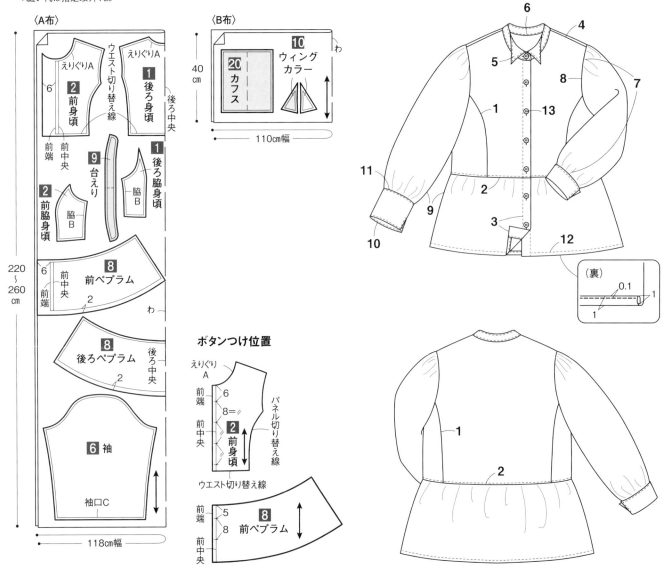

ボタンつけ位置

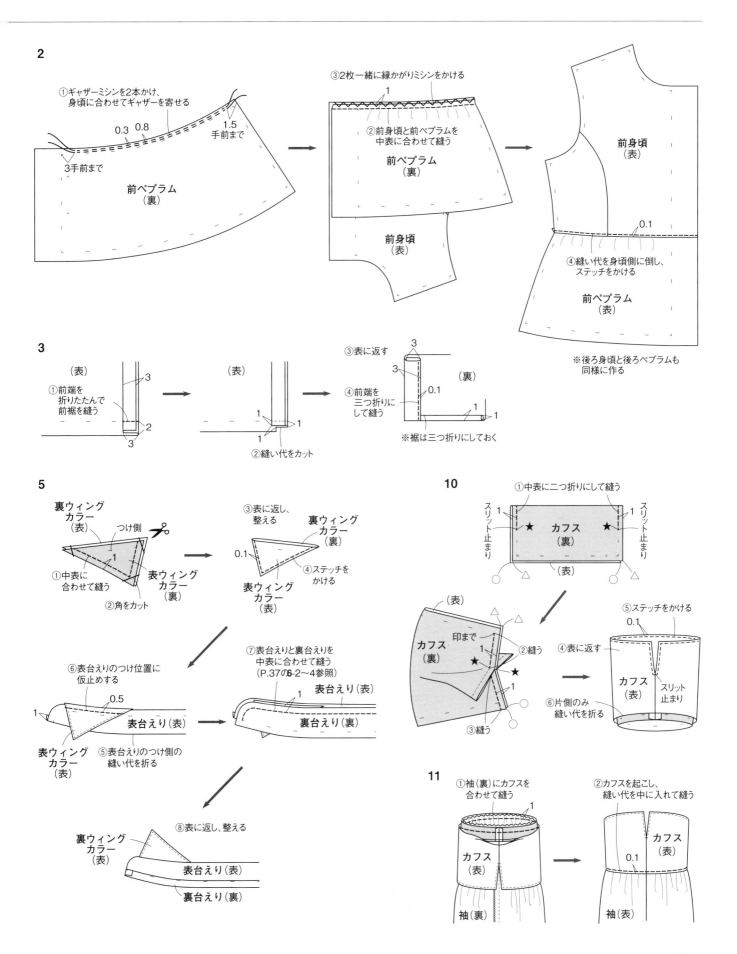

2

①ギャザーミシンを2本かけ、身頃に合わせてギャザーを寄せる

0.3　0.8

1.5 手前まで

3手前まで

前ペプラム（裏）

③2枚一緒に縁かがりミシンをかける

1

②前身頃と前ペプラムを中表に合わせて縫う

前ペプラム（裏）

前身頃（表）

前身頃（表）

0.1

④縫い代を身頃側に倒し、ステッチをかける

前ペプラム（表）

※後ろ身頃と後ろペプラムも同様に作る

3

（表）

①前端を折りたたんで前裾を縫う

3
3
2
3

②縫い代をカット

（表）

1
1

③表に返す

3
3

0.1

（裏）

④前端を三つ折りにして縫う

※裾は三つ折りにしておく

1
1

5

裏ウィングカラー（表）

つけ側

1

①中表に合わせて縫う

表ウィングカラー（裏）

②角をカット

③表に返し、整える

裏ウィングカラー（裏）

0.1

④ステッチをかける

表ウィングカラー（表）

⑥表台えりのつけ位置に仮止めする

1

0.5

表ウィングカラー（表）

⑤表台えりのつけ側の縫い代を折る

表台えり（表）

⑦表台えりと裏台えりを中表に合わせて縫う（P.37の6-2〜4参照）

1

表台えり（表）

裏台えり（裏）

⑧表に返し、整える

裏ウィングカラー（表）

表台えり（表）

裏台えり（裏）

10

①中表に二つ折りにして縫う

スリット止まり

1

★

カフス（裏）

★

スリット止まり

1

（表）

②縫う

印まで

1

カフス（裏）

★

③縫う

⑤ステッチをかける

0.1

④表に返す

カフス（表）

スリット止まり

⑥片側のみ縫い代を折る

11

①袖（裏）にカフスを合わせて縫う

1

カフス（表）

②カフスを起こし、縫い代を中に入れて縫う

0.1

カフス（表）

袖（裏）

袖（表）

□**着丈** 66.5㎝

□**身幅**

号	7	9	11	13	15
cm	125	129	134	139	144

□**材料**
　表布…薄地 リネン（ストーングレー）150㎝幅×200㎝
　接着芯…15×20㎝
　ボタン…直径1.3㎝を2個

□**作り方**

[縫う前の準備]
●後ろヨークの見返しの裏に接着芯を貼る。

1　前身頃のパネル切り替えを縫う（P.36参照、ステッチはなし）。
2　後ろヨークと後ろ身頃を縫う。
3　前えりぐりにギャザーを寄せる（P.65参照）。
4　肩を縫う（P.37参照）。

5　えりを作る。
6　身頃にえりをつける。
7　袖山と袖口にギャザーを寄せる（P.55の**5**参照）。
8　身頃に袖をつける（P.44参照）。
9　袖下から脇を縫う（P.38参照）。
10　袖口をパイピング始末する（P.55の**8**参照）。
11　裾を縫う。
12　ボタンホールをあけ、ボタンをつける。

裁ち合わせ図
＊ □ は接着芯を貼る
＊縫い代は指定以外1㎝

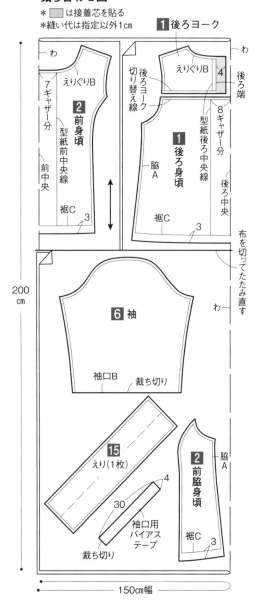

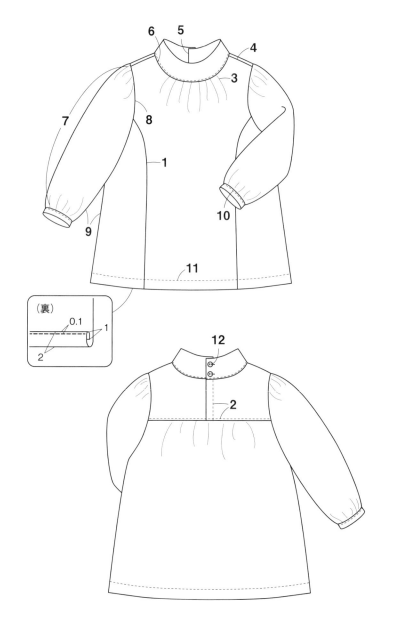

前身頃・後ろ身頃パターンの引き方

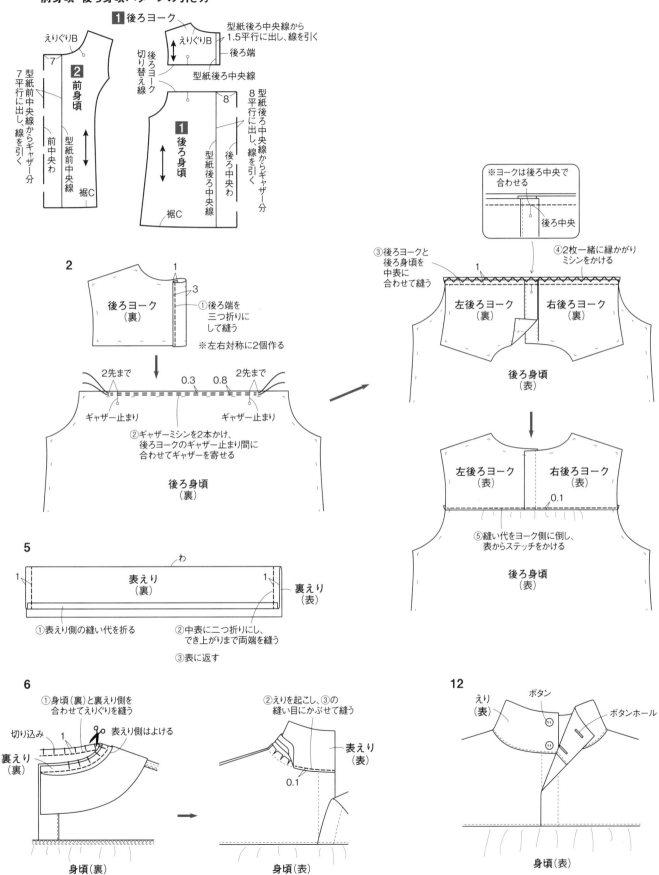

1 後ろヨーク

えりぐりB

型紙後ろ中央線から1.5平行に出し、線を引く

後ろ端

2 前身頃

えりぐりB

後ろヨーク切り替え線

型紙後ろ中央線

7

型紙前中央線からギャザー分7平行に出し、線を引く

前中央わ

型紙前中央線

裾C

1 後ろ身頃

8

型紙後ろ中央線からギャザー分8平行に出し、線を引く

後ろ中央わ

型紙後ろ中央線

裾C

2

後ろヨーク（裏）

1

3

①後ろ端を三つ折りにして縫う

※左右対称に2個作る

2先まで

2先まで

0.3　0.8

ギャザー止まり　ギャザー止まり

②ギャザーミシンを2本かけ、後ろヨークのギャザー止まり間に合わせてギャザーを寄せる

後ろ身頃（裏）

※ヨークは後ろ中央で合わせる

後ろ中央

③後ろヨークと後ろ身頃を中表に合わせて縫う

④2枚一緒に縁かがりミシンをかける

1

左後ろヨーク（裏）　右後ろヨーク（裏）

後ろ身頃（表）

左後ろヨーク（表）　右後ろヨーク（表）

0.1

⑤縫い代をヨーク側に倒し、表からステッチをかける

後ろ身頃（表）

5

わ

1　1

表えり（裏）

裏えり（表）

①表えり側の縫い代を折る

②中表に二つ折りにし、でき上がりまで両端を縫う

③表に返す

6

①身頃（裏）と裏えり側を合わせてえりぐりを縫う

表えり側はよける

切り込み

1

裏えり（裏）

身頃（裏）

②えりを起こし、③の縫い目にかぶせて縫う

表えり（表）

0.1

身頃（表）

12

えり（表）

ボタン

ボタンホール

身頃（表）

□**着丈** 67.5cm

□**身幅**

号	7	9	11	13	15
cm	95	99	104	109	114

□**材料**

表布…リバティ・ファブリックス タナローン プレーン（ホワイト・フロスト）

108cm幅×7号〜13号210cm、15号270cm

伸び止めテープ…1cm幅を40cm

コンシールファスナー…20cmを1本

スプリングホック…1組

□**作り方**

[縫う前の準備]

●後ろ身頃の後ろあきの裏に伸び止めテープを貼る。

●後ろ身頃の後ろ中央に縁かがりミシンをかける。

1 前・後ろ身頃のパネル切り替えを縫う（P.36参照、ステッチはなし）。

2 後ろ中央を縫い、コンシールファスナーをつける。

3 肩を縫う（P.37参照）。

4 えりぐりをパイピング始末する。

5 袖山と袖口にギャザーを寄せる。

6 身頃に袖をつける（P.44参照）。

7 袖下から脇を縫う（P.38参照）。

8 袖口をパイピング始末する。

9 裾を縫う。

10 スプリングホックをつける。

裁ち合わせ図

＊ ▨ は接着芯を貼る
＊縫い代は指定以外1cm

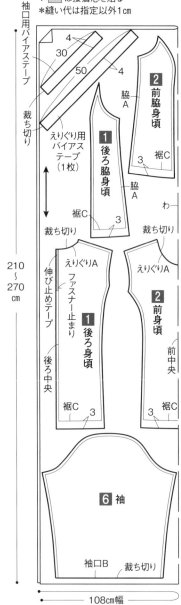

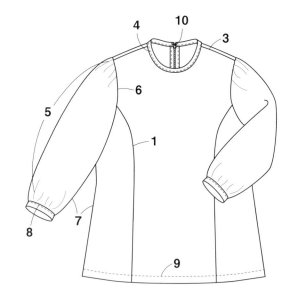

2

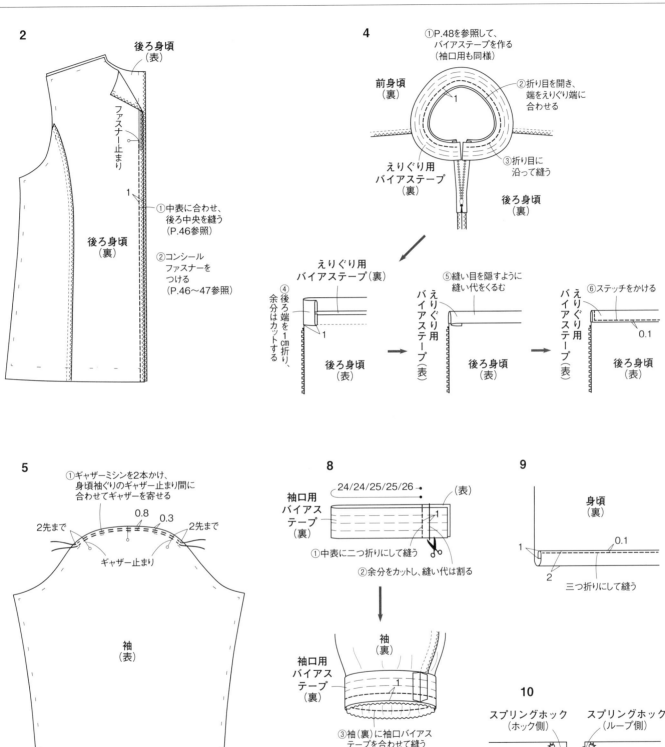

後ろ身頃
（表）

ファスナー
止まり

1

後ろ身頃
（裏）

後ろ身頃
（裏）

①中表に合わせ、
後ろ中央を縫う
（P.46参照）

②コンシール
ファスナーを
つける
（P.46〜47参照）

4

①P.48を参照して、
バイアステープを作る
（袖口用も同様）

前身頃
（裏）

1

②折り目を開き、
端をえりぐり端に
合わせる

えりぐり用
バイアステープ
（裏）

③折り目に
沿って縫う

後ろ身頃
（裏）

えりぐり用
バイアステープ（裏）

④後ろ端を1cm折り、
余分はカットする

1

後ろ身頃
（表）

⑤縫い目を隠すように
縫い代をくるむ

えりぐり用
バイアステープ（表）

後ろ身頃
（表）

⑥ステッチをかける

えりぐり用
バイアステープ（表）

0.1

後ろ身頃
（表）

5

①ギャザーミシンを2本かけ、
身頃袖ぐりのギャザー止まり間に
合わせてギャザーを寄せる

2先まで   0.8   0.3   2先まで

ギャザー止まり

袖
（表）

0.8

0.3

1.5手前まで   1.5手前まで

②ギャザーミシンを2本かけて
ギャザーを寄せ、
24/24/25/25/26cmに縮める

8

袖口用
バイアス
テープ
（裏）

24/24/25/25/26   （表）

1

①中表に二つ折りにして縫う

②余分をカットし、縫い代は割る

袖
（裏）

袖口用
バイアス
テープ
（裏）

1

③袖（裏）に袖口バイアス
テープを合わせて縫う

袖
（裏）

袖口用
バイアス
テープ
（表）

0.1   1

④縫い代をくるんで縫う

9

身頃
（裏）

0.1

1

2

三つ折りにして縫う

10

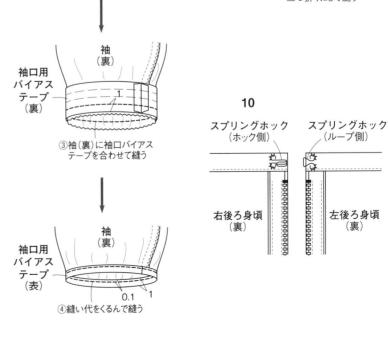

スプリングホック
（ホック側）

スプリングホック
（ループ側）

右後ろ身頃
（裏）

左後ろ身頃
（裏）

□材料
表布…C&S海のブロード（木いちご）110cm幅×200cm
接着芯…70×80cm
ボタン…直径1.8cmを4個

□**着丈** 66cm

□**身幅**

号	7	9	11	13	15
cm	95	99	104	109	114

□**作り方**

[縫う前の準備]
●前見返し、後ろ見返しの裏に接着芯を貼る。
●前見返し端、後ろ見返し端、後ろ身頃の後ろ中央に縁かがりミシンをかける。

1 前・後ろ身頃のパネル切り替えを縫う（P.36参照、ステッチはなし）。
2 後ろ身頃の後ろ中央を縫う。
3 肩を縫う（P.37参照）。
4 見返しを作る。
5 身頃に見返しをつける。
6 袖山にギャザーを寄せ、身頃につける（P.44参照）。
7 袖下から脇を縫う（P.38参照）。
8 袖口を縫う。
9 後ろ身頃のスリットあきの始末をし、裾を縫う。
10 ボタンホールをあけ、ボタンをつける。

裁ち合わせ図

* ▨ は接着芯を貼る
*縫い代は指定以外1cm

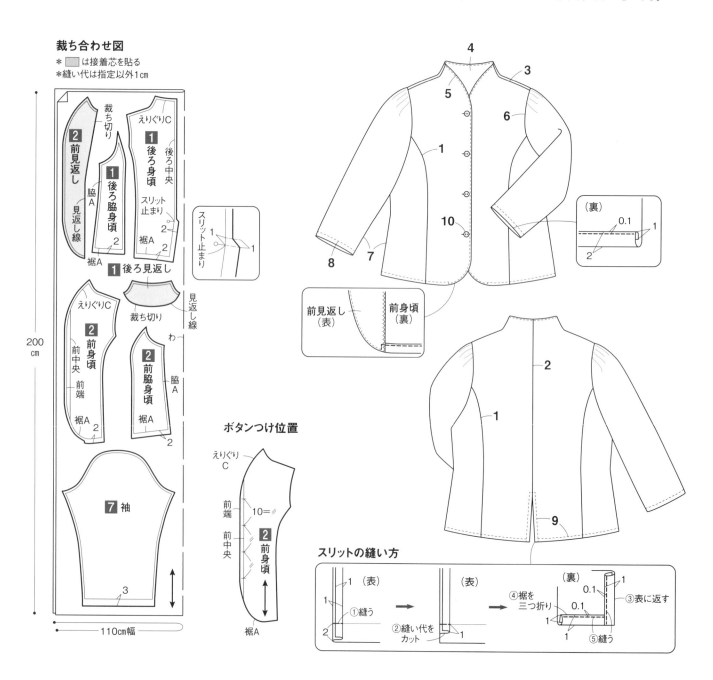

ボタンつけ位置

スリットの縫い方

2

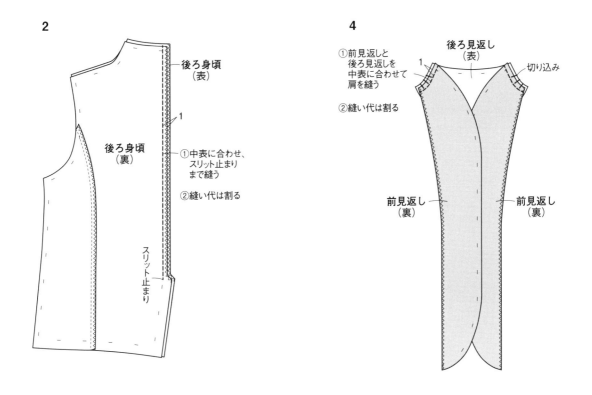

後ろ身頃
（表）

後ろ身頃
（裏）

1

①中表に合わせ、
スリット止まり
まで縫う

②縫い代は割る

スリット
止まり

4

①前見返しと
後ろ見返しを
中表に合わせて
肩を縫う

②縫い代は割る

後ろ見返し
（表）

1

切り込み

前見返し
（裏）

前見返し
（裏）

5

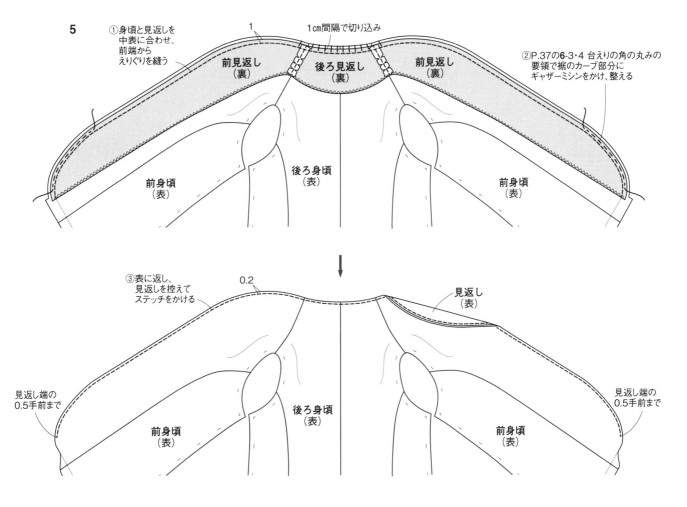

①身頃と見返しを
中表に合わせ、
前端から
えりぐりを縫う

1

1cm間隔で切り込み

前見返し
（裏）

後ろ見返し
（裏）

前見返し
（裏）

②P.37の**6-3・4** 台えりの角の丸みの
要領で裾のカーブ部分に
ギャザーミシンをかけ、整える

前身頃
（表）

後ろ身頃
（表）

前身頃
（表）

③表に返し、
見返しを控えて
ステッチをかける

0.2

見返し
（表）

見返し端の
0.5手前まで

前身頃
（表）

後ろ身頃
（表）

前身頃
（表）

見返し端の
0.5手前まで

□**着丈** 63cm

□**身幅**

号	7	9	11	13	15
cm	105	109	114	119	124

□**材料**
表布…C&Sハーフリネンデニム110cm幅×250cm
接着芯…10×100cm
ボタン…直径1.3cmを6個

□**作り方**
[縫う前の準備]
●表上えり、表台えりの裏に接着芯を貼る。

1 前端の裾を始末し、前端を縫う。
2 前・後ろ身頃のパネル切り替えを縫う(P.36参照)。
3 後ろ身頃のタックをたたみ、後ろヨークをつける(P.36参照)。

4 肩を縫う(P.37参照)。
5 えりを作り、身頃につける(P.42参照)。
6 身頃に袖をつける(P.38参照)。
7 袖下から脇を縫う(P.38参照)。
8 袖口を縫う。
9 裾を縫う。
10 ボタンホールをあけ、ボタンをつける。

裁ち合わせ図
＊ ▨ は接着芯を貼る
＊縫い代は指定以外1cm

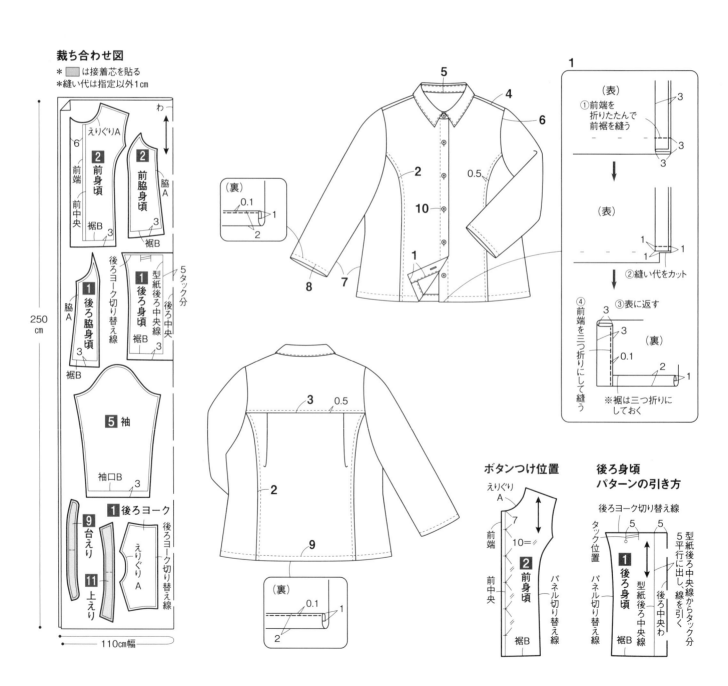

58

□**着丈**　70cm

□**身幅**

号	7	9	11	13	15
cm	105	110	115	120	125

□**材料**
表布…リネン60番手ポルカドットプリント（1／アイボリー）104cm幅×7号〜11号260cm、13〜15号270cm
接着芯…60×80cm
ボタン…直径1.3cmを8個

□**作り方**
[縫う前の準備]
●表上えり、表台えり、表カフス、短冊全面（4枚）の裏に接着芯を貼る。
●前身頃のスリット上の縫い代に縁かがりミシンをかける（P.41参照）。

1　前身頃の胸ダーツを縫う（P.47参照）。
2　前端の裾を始末し、前端を縫う（P.51の**3**参照）。
3　後ろ身頃のタックをたたみ、後ろヨークをつける（P.36参照）。
4　肩を縫う（P.37参照）。
5　えりを作り、身頃につける（P.42参照）。
6　袖口の短冊あきを作る（P.45参照）。
7　身頃に袖をつける（P.38参照）。
8　袖下から脇のスリット止まりまでを縫う（P.38参照）。
9　袖にカフスをつける（P.39参照）。
10　スリットあきの始末をし、裾を縫う（P.41参照）。
11　ボタンホールをあけ、ボタンをつける。

裁ち合わせ図
＊ 　　は接着芯を貼る
＊縫い代は指定以外1cm

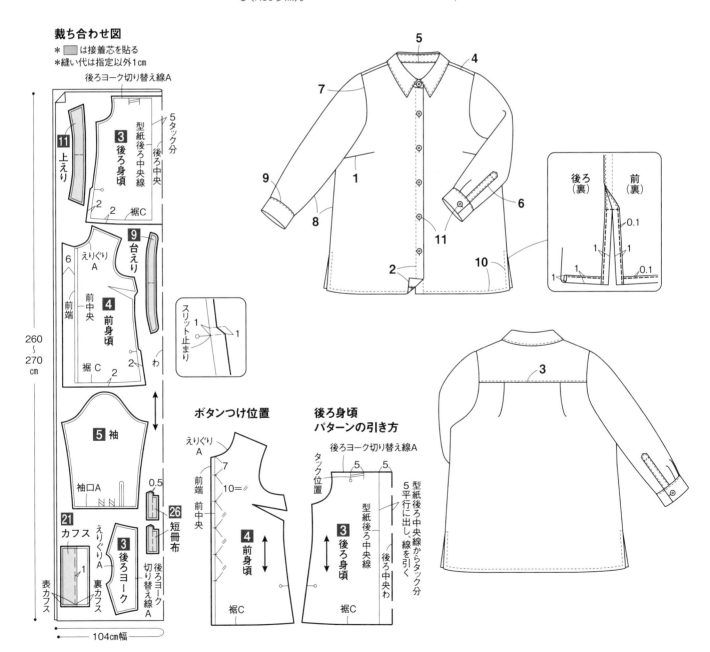

□着丈　72cm

□身幅

号	7	9	11	13	15
cm	105	110	115	120	125

□材料

表布…リバティ・ファブリックス　タナローン（Papper/BE）
　　　108cm幅×7号〜11号260cm、13〜15号270cm
接着芯…60×80cm
ボタン…直径1.3cmを8個

□作り方

［縫う前の準備］
●表上えり、表台えり、前立て、表カフス、短冊全面
　（4枚）の裏に接着芯を貼る。

1　前身頃の胸ダーツを縫う（P.47参照）。
2　前身頃にフリルと前立てをつける。
3　後ろ身頃のタックをたたみ、後ろヨークをつける（P.36参照）。
4　肩を縫う（P.37参照）。
5　えりを作り、身頃につける（P.42参照）。
6　袖口の短冊あきを作る（P.45参照）。
7　身頃に袖をつける（P.38参照）。
8　袖下から脇を縫う（P.38参照）。
9　袖にカフスをつける（P.39参照）。
10　裾を縫う（P.41参照）。
11　ボタンホールをあけ、ボタンをつける。

裁ち合わせ図

＊ は接着芯を貼る
＊縫い代は指定以外1cm

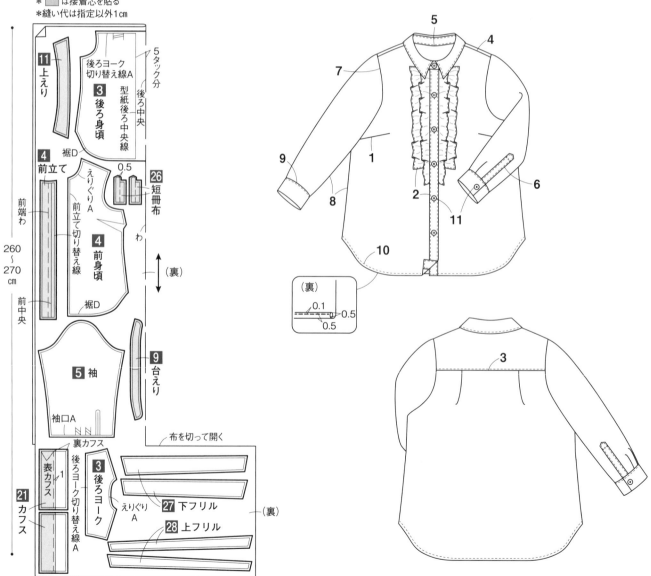

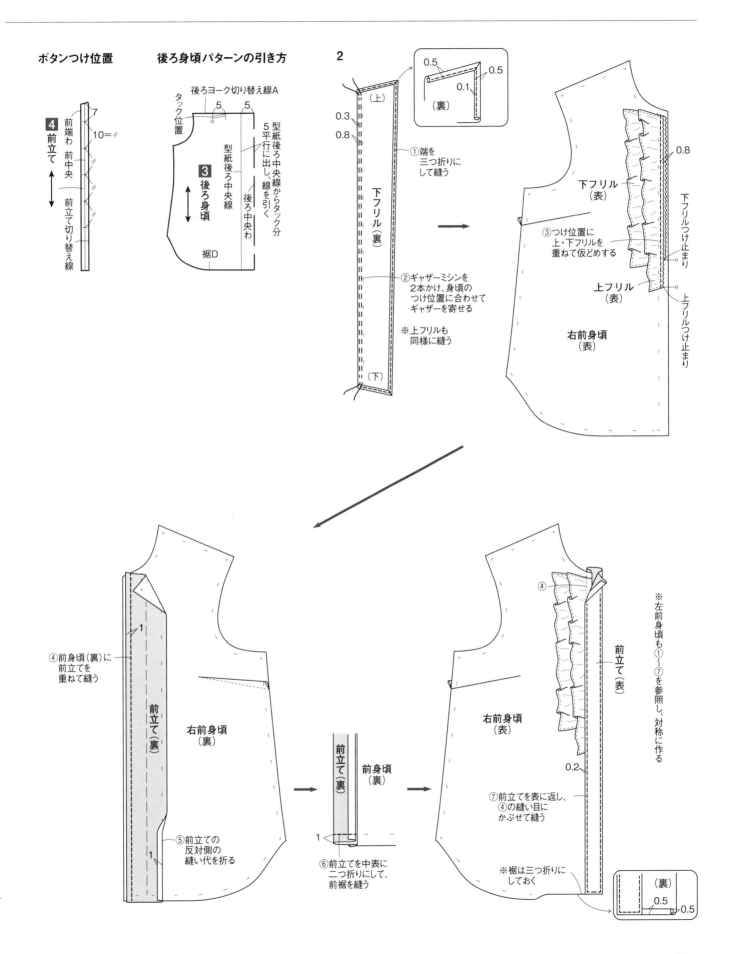

ボタンつけ位置

$\boxed{4}$ 前立て

前端わ　前中央　前立て切り替え線

7
10＝

後ろ身頃パターンの引き方

後ろヨーク切り替え線A

タック位置

5　5

型紙後ろ中央線からタック分5平行に出し、線を引く

型紙後ろ中央線

後ろ中央わ

$\boxed{3}$ 後ろ身頃

裾D

2

0.5　0.5
0.1
（裏）

0.3
0.8

（上）

下フリル（裏）

①端を三つ折りにして縫う

②ギャザーミシンを2本かけ、身頃のつけ位置に合わせてギャザーを寄せる

※上フリルも同様に縫う

（下）

下フリル（表）

上フリル（表）

右前身頃（表）

③つけ位置に上・下フリルを重ねて仮どめする

0.8

下フリルつけ止まり

上フリルつけ止まり

④前身頃（裏）に前立てを重ねて縫う

前立て（裏）

右前身頃（裏）

1

1

⑤前立ての反対側の縫い代を折る

前立て（裏）

前身頃（裏）

1

⑥前立てを中表に二つ折りにして、前裾を縫う

④

右前身頃（表）

前立て（表）

0.2

⑦前立てを表に返し、④の縫い目にかぶせて縫う

※裾は三つ折りにしておく

※左前身頃も①～⑦を参照し、対称に作る

（裏）
0.5　0.5

□**材料**

表布…リバティ・ファブリックス タナローン プレーン（ホワイト・フロスト）108㎝幅×290㎝

接着芯…60×80㎝

足つきくるみボタン…直径1.2×厚み約0.3㎝を18個

□**作り方**

[縫う前の準備]

● 表えり、前見返し、表カフス、くるみボタン用布の裏に接着芯を貼る。

● 前見返しの端に縁かがりミシンをかける。

1 前身頃の胸ダーツを縫う（P.47参照）。

2 前・後ろ身頃のプリーツを縫う。

3 布ループを作る。

4 前身頃に布ループと前見返しをつける。

5 肩を縫う（P.37参照）。

6 えりを作り、身頃につける。

7 袖口のあきを作る（P.38参照）。

8 袖山にギャザーを寄せ、身頃につける（P.44参照）。

9 袖下から脇を縫う（P.38参照）。

10 カフスを作る。

11 袖口にギャザーを寄せカフスをつける（P.65の9参照）。

12 裾を縫う。

13 くるみボタンをつける。

□**着丈** 67㎝

□**身幅**

号	7	9	11	13	15
cm	171	176	181	186	191

裁ち合わせ図

＊ ▨ は接着芯を貼る

＊縫い代は指定以外1㎝

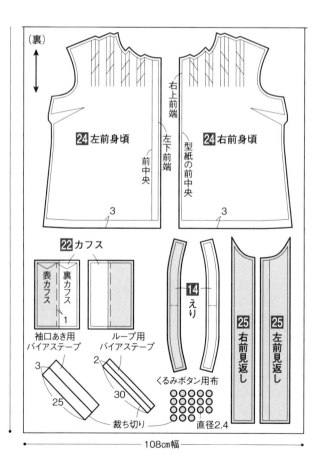

ボタンつけ位置

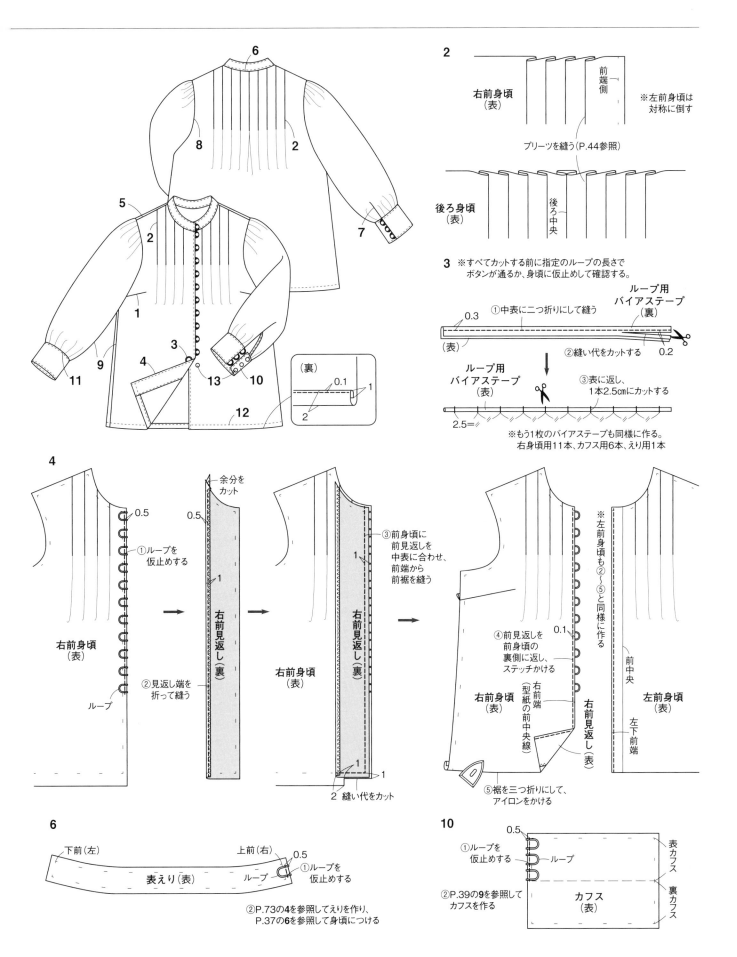

2

右前身頃
（表）

前端
側

※左前身頃は
対称に倒す

プリーツを縫う（P.44参照）

後ろ身頃
（表）

後ろ中央

3 ※すべてカットする前に指定のループの長さで
ボタンが通るか、身頃に仮止めして確認する。

①中表に二つ折りにして縫う

ループ用
バイアステープ
（裏）

0.3

（表）

②縫い代をカットする

0.2

ループ用
バイアステープ
（表）

③表に返し、
1本2.5cmにカットする

2.5

※もう1枚のバイアステープも同様に作る。
右身頃用11本、カフス用6本、えり用1本

4

右前身頃
（表）

0.5

①ループを
仮止めする

ループ

②見返し端を
折って縫う

余分を
カット

0.5

右前見返し（裏）

1

右前身頃
（表）

③前身頃に
前見返しを
中表に合わせ、
前端から
前裾を縫う

1

右前見返し（裏）

1

2 縫い代をカット

④前見返しを
前身頃の
裏側に返し、
ステッチかける

0.1

右前身頃
（表）

右前端

右前見返し（表）

型紙の前中央線

⑤裾を三つ折りにして、
アイロンをかける

※左前身頃も
②〜⑤と同様に作る

左前身頃
（表）

前中央

左下前端

6

下前（左）

上前（右）

0.5

表えり（表）

ループ

①ループを
仮止めする

②P.73の**4**を参照してえりを作り、
P.37の**6**を参照して身頃につける

10

0.5

①ループを
仮止めする

ループ

表カフス

裏カフス

②P.39の**9**を参照して
カフスを作る

カフス
（表）

（裏）

0.1

1
2

□着丈　70.5cm

□身幅

号	7	9	11	13	15
cm	127	132	137	142	147

□材料

A布…C&Sストライプ（ラベンデューラ）　110cm幅×7号〜11号230cm、13〜15号300cm
B布…白無地80×50cm
接着芯…70×50cm
ボタン…直径1.3cmを3個

□作り方

[縫う前の準備]

●後ろヨークの見返し、表上えり、表台えり、表カフスの裏に接着芯を貼る。

1　前身頃の胸ダーツを縫う（P.47参照）。
2　後ろヨークと後ろ身頃を縫う（P.53の**2**参照）。
3　前えりぐりにギャザーを寄せる。
4　肩を縫う（P.37参照）。
5　えりを作り、身頃につける。
6　袖口のあきを作る（P.38参照）。
7　袖山にギャザーを寄せ、身頃につける（P.44参照）。
8　袖下から脇を縫う（P.38参照）。
9　カフスを作り（P.39参照）、袖口にギャザーを寄せてカフスをつける。
10　裾を縫う。
11　ボタンホールをあけ、ボタンをつける。

裁ち合わせ図

＊ □ は接着芯を貼る
＊縫い代は指定以外1cm

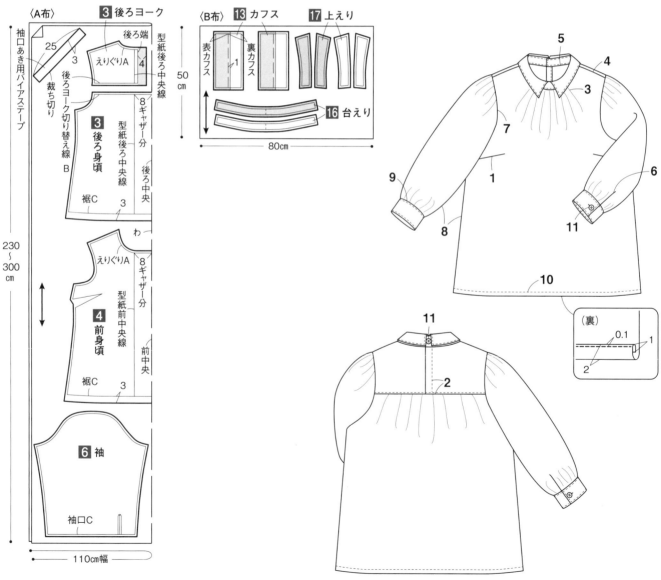

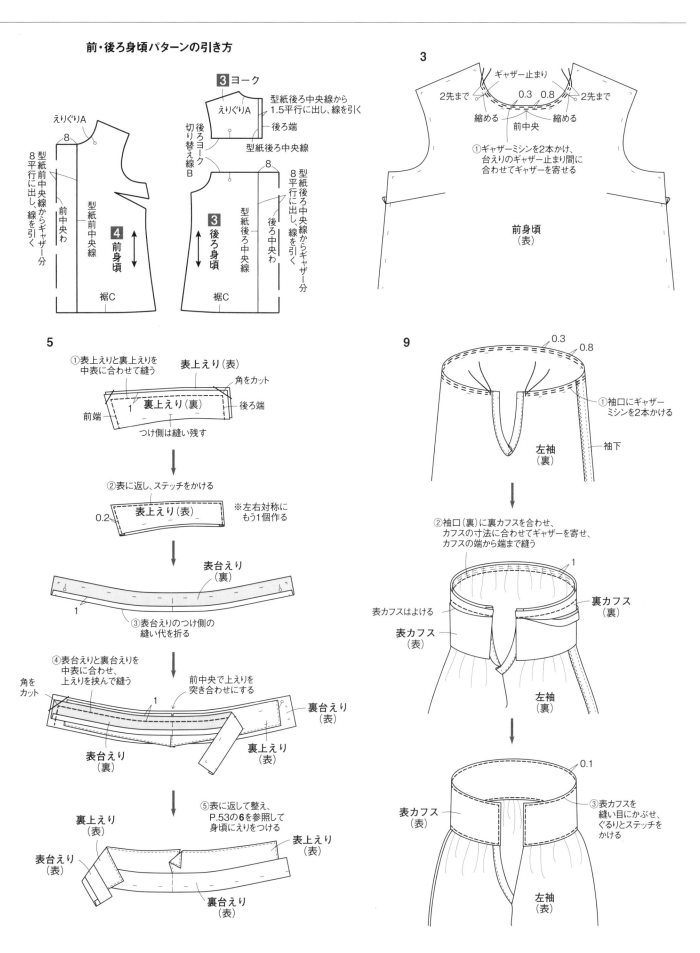

前・後ろ身頃パターンの引き方

3 ヨーク

えりぐりA
型紙後ろ中央線から
1.5平行に出し、線を引く
後ろ端
後ろヨーク
切り替え線B
型紙後ろ中央線

えりぐりA
8

型紙前中央線からギャザー分
8平行に出し、線を引く
前中央
型紙前中央線
4 前身頃
裾C

3 後ろ身頃
型紙後ろ中央線
後ろ中央わ
型紙後ろ中央線からギャザー分
8平行に出し、線を引く
裾C

3

ギャザー止まり
2先まで　　0.3　0.8　　2先まで
縮める　　　前中央　　　縮める

①ギャザーミシンを2本かけ、
台えりのギャザー止まり間に
合わせてギャザーを寄せる

前身頃
（表）

5

①表上えりと裏上えりを
中表に合わせて縫う
表上えり（表）
角をカット
裏上えり（裏）
前端　　　後ろ端
1
つけ側は縫い残す

②表に返し、ステッチをかける
表上えり（表）
0.2
※左右対称に
もう1個作る

表台えり（裏）
1
③表台えりのつけ側の
縫い代を折る

④表台えりと裏台えりを
中表に合わせ、
上えりを挟んで縫う
角をカット
前中央で上えりを
突き合わせにする
表台えり（裏）
1
裏台えり（表）
裏上えり（表）

⑤表に返して整え、
P.53の**6**を参照して
身頃にえりをつける
裏上えり（表）
表台えり（表）
表上えり（表）
裏台えり（表）

9

0.3　0.8
①袖口にギャザー
ミシンを2本かける
左袖（裏）
袖下

②袖口（裏）に裏カフスを合わせ、
カフスの寸法に合わせてギャザーを寄せ、
カフスの端から端まで縫う
1
表カフスはよける
表カフス（表）
裏カフス（裏）
左袖（裏）

0.1
表カフス（表）
③表カフスを
縫い目にかぶせ、
ぐるりとステッチを
かける
左袖（表）

□ 着丈　66cm

□ 身幅

号	7	9	11	13	15
cm	113	118	123	128	133

□ 材料

A布…リバティ・ファブリックス　タナローン（Xanthe Sunbeam/DE）
　　　108cm幅×7号〜11号200cm、13〜15号250cm

B布…綿ローン110cm幅×50cm

接着芯…90cm幅×30cm

ボタン…直径1.3cmを6個

□ 作り方

[縫う前の準備]
●前・後ろえり切り替え布、前・後ろえり見返しの裏に接着芯を貼る。

1　前身頃の胸ダーツを縫う（P.47参照）。

2　前端の裾を始末し、前端を縫う（P.58の3参照）。

3　前・後ろえりぐりにギャザーを寄せる（P.65の3参照）。

4　肩を縫う（P.37参照）。

5　えり切り替え布・えり見返しを作り、身頃につける。

6　身頃を中表に合わせて脇を縫う。縫い代は2枚一緒に縁かがりミシンで始末し、後ろ側に倒す。

7　袖を作る。

8　身頃に袖をつける。

9　リボンを作る。

10　身頃にリボンをつける。

11　裾を縫う。

12　ボタンホールをあけ、ボタンをつける。

裁ち合わせ図

＊ ▨ は接着芯を貼る
＊縫い代は指定以外1cm

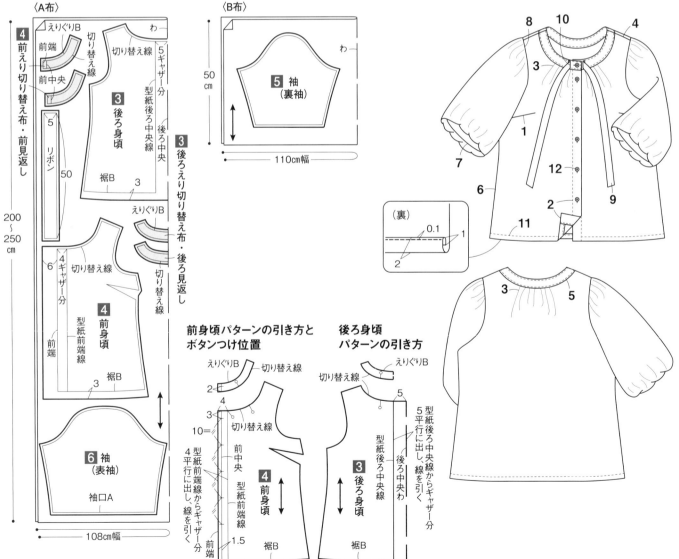

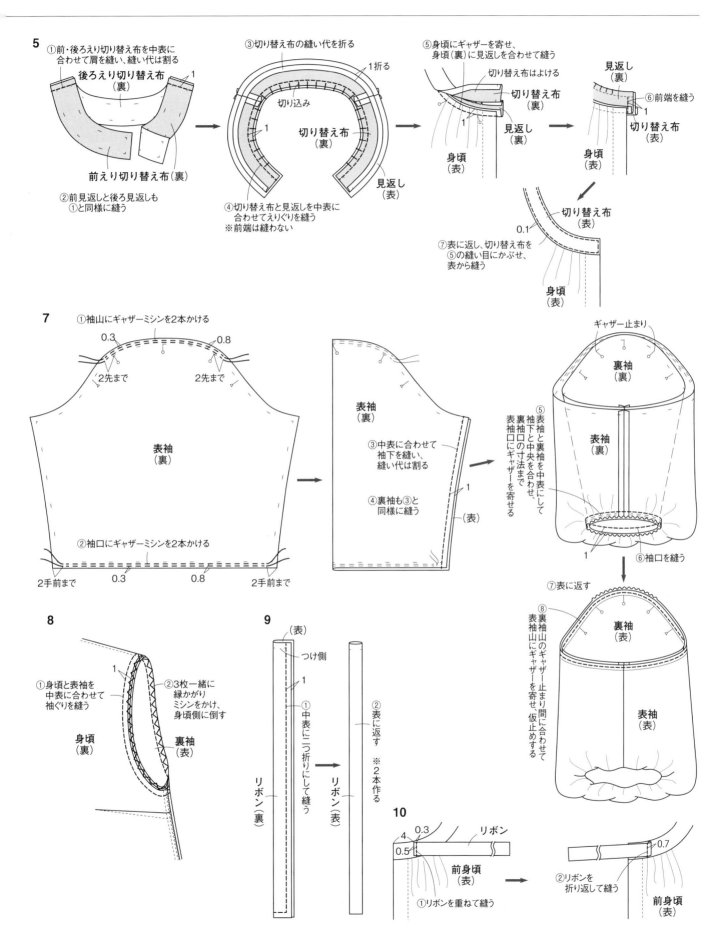

5

① 前・後ろえり切り替え布を中表に合わせて肩を縫い、縫い代は割る

後ろえり切り替え布（裏）

前えり切り替え布（裏）

② 前見返しと後ろ見返しも①と同様に縫う

③ 切り替え布の縫い代を折る

1折る

切り込み

1

切り替え布（裏）

見返し（表）

④ 切り替え布と見返しを中表に合わせてえりぐりを縫う
※前端は縫わない

⑤ 身頃にギャザーを寄せ、身頃（裏）に見返しを合わせて縫う

切り替え布はよける

切り替え布（裏）

見返し（裏）

身頃（表）

1

見返し（裏）

⑥ 前端を縫う

1

切り替え布（表）

身頃（表）

切り替え布（表）

0.1

⑦ 表に返し、切り替え布を⑤の縫い目にかぶせ、表から縫う

身頃（表）

7

① 袖山にギャザーミシンを2本かける

0.3   0.8

2先まで   2先まで

表袖（裏）

② 袖口にギャザーミシンを2本かける

2手前まで   0.3   0.8   2手前まで

表袖（裏）

③ 中表に合わせて袖下を縫い、縫い代は割る

④ 裏袖も③と同様に縫う

1

（表）

⑤ 表袖と裏袖を中表にして袖下と中央を合わせ、裏袖口の寸法まで表袖口にギャザーを寄せる

ギャザー止まり

裏袖（裏）

表袖（裏）

1

⑥ 袖口を縫う

⑦ 表に返す

⑧ 裏袖山のギャザー止まり間に合わせて表袖山にギャザーを寄せ、仮止めする

裏袖（表）

表袖（表）

8

① 身頃と表袖を中表に合わせて袖ぐりを縫う

② 3枚一緒に縁かがりミシンをかけ、身頃側に倒す

身頃（裏）

1

裏袖（表）

9

（表）

つけ側

1

① 中表に二つ折りにして縫う

リボン（裏）

② 表に返す
※2本作る

リボン（表）

10

4   0.3   リボン

0.5

① リボンを重ねて縫う

前身頃（表）

0.7

② リボンを折り返して縫う

前身頃（表）

□**材料**
表布…C&Sストライプ（カシス）110cm幅×230cm
接着芯…20×60cm
スナップ…直径1cmを1個

□**作り方**
[縫う前の準備]
●表えりの裏に接着芯を貼る。

□**着丈** 67.5cm

□**身幅**

号	7	9	11	13	15
cm	119	124	129	134	139

1　前身頃の胸ダーツを縫う（P.47参照）。
2　前・後ろえりぐりにギャザーミシンをかける（P.65
　の3参照、ギャザーは寄せない）。
3　後ろ身頃の後ろ中央と後ろあきを縫い、えりぐ
　りにギャザーを寄せる。

4　肩を縫う（P.37参照）。
5　えりを作り、身頃につける。
6　袖ぐりを裏バイアス始末にする（P.48参照）。
7　肩フリルを作り、身頃につける。
8　脇を縫う。
9　裾を縫う。
10　スナップをつける。

裁ち合わせ図
＊ ▨ は接着芯を貼る
＊縫い代は指定以外1cm

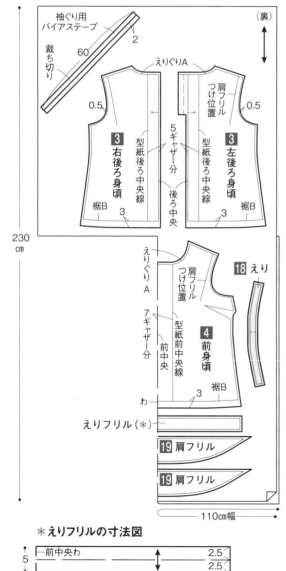

＊えりフリルの寸法図

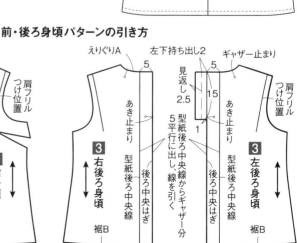

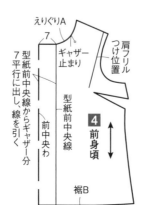

前・後ろ身頃パターンの引き方

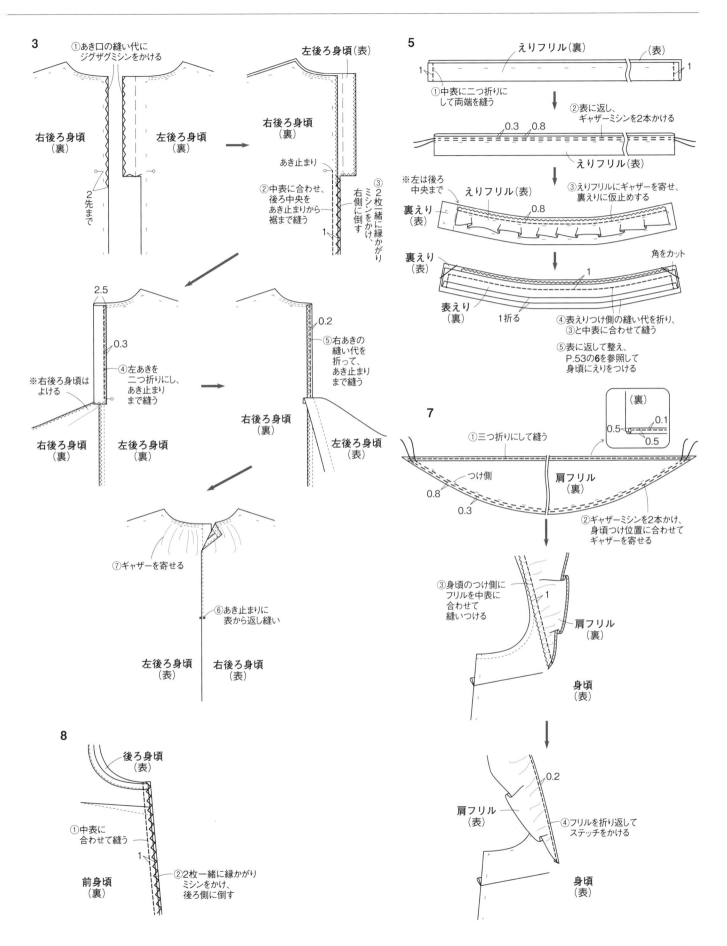

3

①あき口の縫い代に
ジグザグミシンをかける

右後ろ身頃
（裏）

左後ろ身頃
（裏）

2先まで

左後ろ身頃（表）

右後ろ身頃
（裏）

あき止まり

②中表に合わせ、
後ろ中央を
あき止まりから
裾まで縫う

③2枚一緒に縁かがり
ミシンをかけ、
右側に倒す

1

2.5

0.3

※右後ろ身頃は
よける

右後ろ身頃
（裏）

左後ろ身頃
（裏）

④左あきを
二つ折りにし、
あき止まり
まで縫う

0.2

⑤右あきの
縫い代を
折って、
あき止まり
まで縫う

右後ろ身頃
（裏）

左後ろ身頃
（表）

⑦ギャザーを寄せる

⑥あき止まりに
表から返し縫い

左後ろ身頃
（表）

右後ろ身頃
（表）

8

後ろ身頃
（表）

①中表に
合わせて縫う

1

②2枚一緒に縁かがり
ミシンをかけ、
後ろ側に倒す

前身頃
（裏）

5

えりフリル（裏）　　（表）

1　　　　　　　　　　　　　1

①中表に二つ折りに
して両端を縫う

0.3　0.8

②表に返し、
ギャザーミシンを2本かける

えりフリル（表）

※左は後ろ
中央まで

えりフリル（表）

裏えり
（表）

0.8

③えりフリルにギャザーを寄せ、
裏えりに仮止めする

裏えり
（表）

角をカット

表えり
（裏）

1折る

1

④表えりつけ側の縫い代を折り、
③と中表に合わせて縫う

⑤表に返して整え、
P.53の**6**を参照して
身頃にえりをつける

7

（裏）

0.1

0.5　　　　　0.5

①三つ折りにして縫う

肩フリル
（裏）

つけ側

0.8

0.3

②ギャザーミシンを2本かけ、
身頃つけ位置に合わせて
ギャザーを寄せる

③身頃のつけ側に
フリルを中表に
合わせて
縫いつける

1

肩フリル
（裏）

身頃
（表）

0.2

肩フリル
（表）

④フリルを折り返して
ステッチをかける

身頃
（表）

□ 着丈　59cm

□ 身幅

号	7	9	11	13	15
cm	95	100	105	110	115

□ 材料

表布…リバティ・ファブリックス　タナローン（Abasan Spot/ WE）108cm幅×210cm

接着芯…20×60cm

スナップ…直径0.8cmを3個

その他…市販の1.27cm幅テトロンバイアステープを1.2m、並太毛糸適宜

□ 作り方

[縫う前の準備]

●表チャイナカラー、左前見返し、力布の裏に接着芯を貼る。

●前身頃のスリット上に縁かがりミシンをかける（P.41参照）。

1　前身頃の胸ダーツを縫う（P.47参照）。

2　左前身頃に左前見返しをつける。

3　右前身頃の前端を縫う。

4　肩を縫う（P.37参照）。

5　えりを作り、身頃につける。

6　袖山にギャザーを寄せ、身頃につける（P.44参照）。

7　袖下から脇のスリット止まりまでを縫う（P.38参照）。

8　袖口を縫う。

9　スリットあきの始末をし、裾を縫う（P.41参照）。

10　チャイナボタンとループを作り、つける。

11　スナップをつける。

裁ち合わせ図

＊ □ は接着芯を貼る

＊縫い代は指定以外1cm

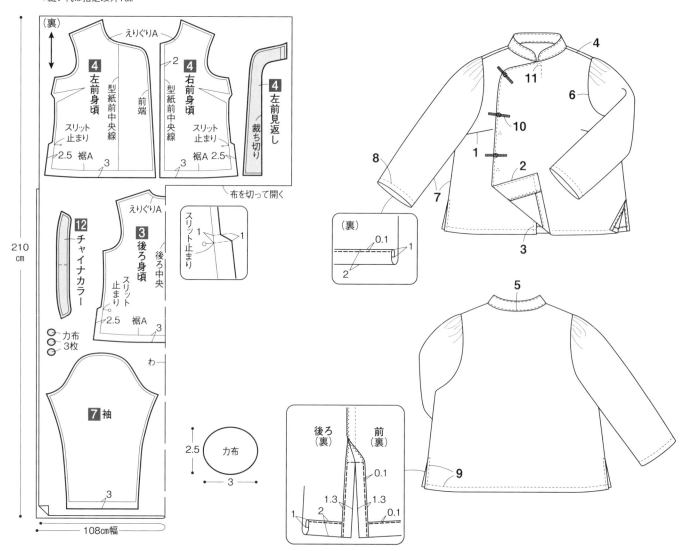

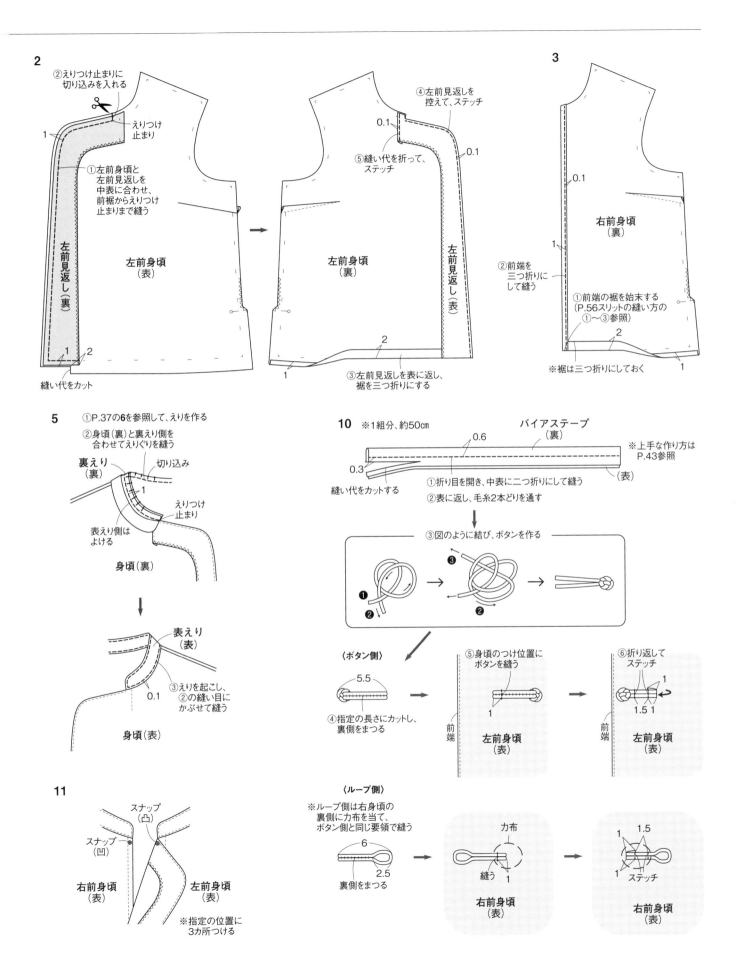

2

②えりつけ止まりに切り込みを入れる

えりつけ止まり

1

①左前身頃と左前見返しを中表に合わせ、前裾からえりつけ止まりまで縫う

左前見返し（裏）

左前身頃（表）

1　2

縫い代をカット

④左前見返しを控えて、ステッチ

0.1

⑤縫い代を折って、ステッチ

0.1

左前身頃（裏）

左前見返し（表）

2

1

③左前見返しを表に返し、裾を三つ折りにする

3

0.1

右前身頃（裏）

1

②前端を三つ折りにして縫う

①前端の裾を始末する（P.56スリットの縫い方の①～③参照）

2

1

※裾は三つ折りにしておく

5

①P.37の6を参照して、えりを作る

②身頃（裏）と裏えり側を合わせてえりぐりを縫う

裏えり（裏）

切り込み

1

表えり側はよける

えりつけ止まり

身頃（裏）

表えり（表）

0.1

③えりを起こし、②の縫い目にかぶせて縫う

身頃（表）

10　※1組分、約50cm

バイアステープ（裏）

0.6

0.3

縫い代をカットする

①折り目を開き、中表に二つ折りにして縫う

②表に返し、毛糸2本どりを通す

※上手な作り方はP.43参照

（表）

③図のように結び、ボタンを作る

❶❷ → ❸❷ →

〈ボタン側〉

5.5

④指定の長さにカットし、裏側をまつる

⑤身頃のつけ位置にボタンを縫う

1

前端

左前身頃（表）

⑥折り返してステッチ

1

1.5　1

前端

左前身頃（表）

〈ループ側〉

※ループ側は右身頃の裏側に力布を当て、ボタン側と同じ要領で縫う

6

2.5

裏側をまつる

力布

縫う　1

右前身頃（表）

1　1.5

1

ステッチ

右前身頃（表）

11

スナップ（凸）

スナップ（凹）

右前身頃（表）

左前身頃（表）

※指定の位置に3カ所つける

□**着丈**　59cm

□**身幅**

号	7	9	11	13	15
cm	95	100	105	110	115

□**材料**
表布…リバティ・ファブリックス タナローン プレーン（ジャスパー・ブラック）108cm幅×380cm
接着芯…10×60cm
ボタン…直径1.3cmを6個

□**作り方**
[縫う前の準備]
●表台えりの裏に接着芯を貼る。
●前・後ろAフリルの前端、脇、上端の縫い代に縁かがりミシンをかける。
●前・後ろBフリル、前・後ろCフリルの前端と上端の縫い代に縁かがりミシンをかける。

1　前身頃の胸ダーツを縫う（P.47参照）。
2　前端の裾を始末し、前端を縫う（P.51の3参照）。

3　肩を縫う（P.37参照）。
4　えりを作り、身頃につける。
5　身頃に袖をつける（P.38参照）。
6　袖下から脇を縫う（P.38参照）。
7　袖口を縫う。
8　裾を縫う。
9　フリルを作る。
10　身頃にフリルをつける。
11　ボタンホールをあけ、ボタンをつける。

裁ち合わせ図
* ▨ は接着芯を貼る
*縫い代は指定以外1cm

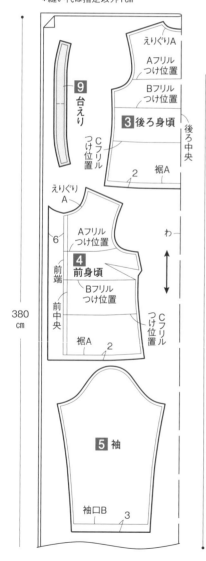

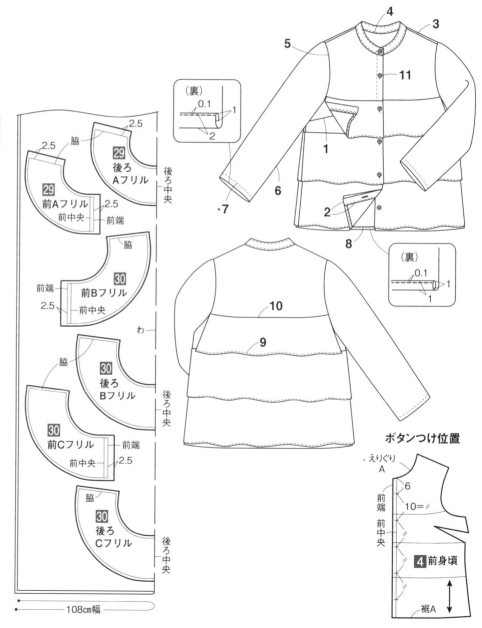

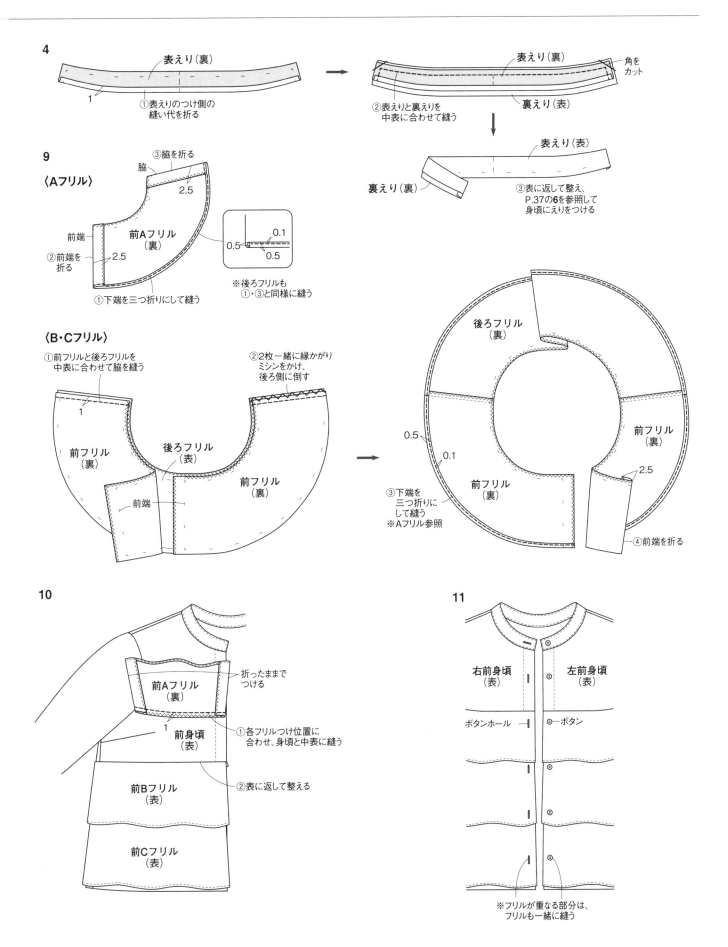

□材料
表布…C&S　Sunnydaysチェック（ブルー×ホワイト）110cm幅×260cm
接着芯…50×60cm
ボタン…直径1.3cmを8個

□着丈　79.5cm

□身幅

号	7	9	11	13	15
cm	102.5	106.5	111.5	116.5	121.5

□作り方
[縫う前の準備]
●表上えり、表台えり、表カフスの裏に接着芯を貼る。

1　ポケットを作り、つける。
2　前身頃と前肩ヨークを縫う。
3　前端の裾を始末し、前端を縫う（P.51の**3**参照）。
4　後ろ身頃のタックをたたみ、後ろヨークをつける（P.36参照）。
5　肩を縫う（P.37参照）。
6　えりを作り、身頃につける（P.42参照）。
7　袖を作る（P.38参照）。
8　身頃に袖をつける。
9　袖下から脇を縫う（P.38参照）。
10　袖にカフスをつける（P.39参照）。
11　裾を縫う（P.41参照）。
12　ボタンホールをあけ、ボタンをつける。

裁ち合わせ図
＊ ▨ は接着芯を貼る
＊縫い代は指定以外1cm

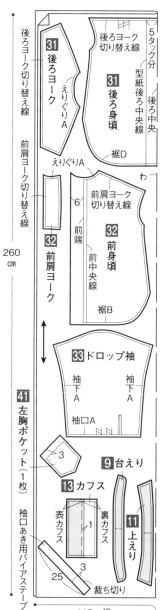

後ろ身頃パターンの引き方

ボタンつけ位置

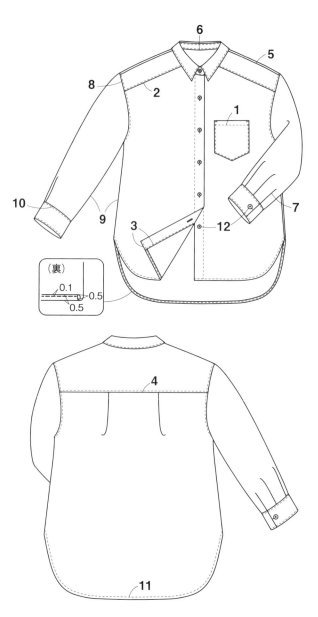

（裏）
0.1
0.5
0.5

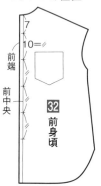

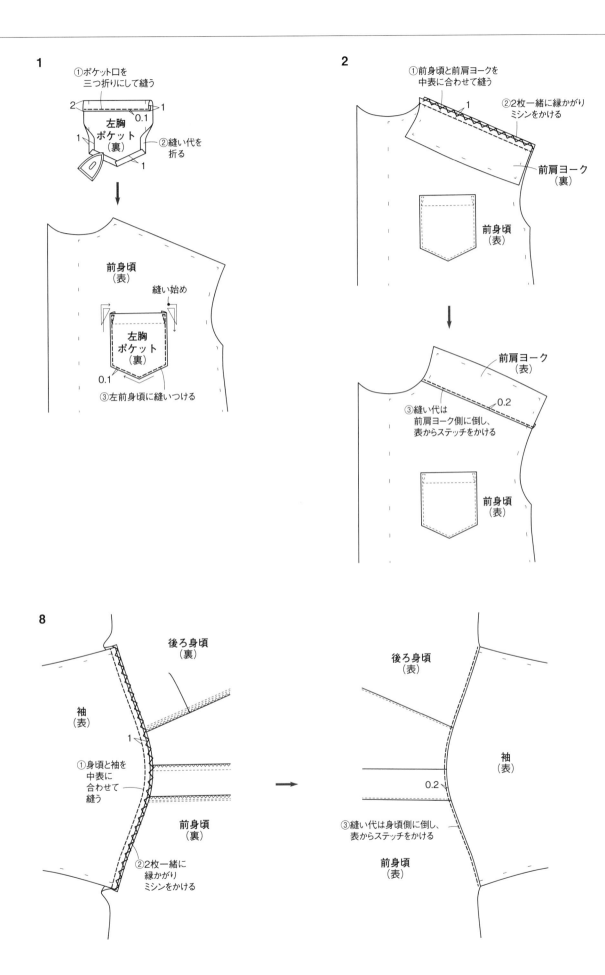

1

①ポケット口を
三つ折りにして縫う

2　1
0.1
左胸
ポケット
（裏）
1
②縫い代を
折る
1

前身頃
（表）

縫い始め

左胸
ポケット
（裏）

0.1

③左前頃に縫いつける

2

①前身頃と前肩ヨークを
中表に合わせて縫う

1

②2枚一緒に縁かがり
ミシンをかける

前肩ヨーク
（裏）

前身頃
（表）

前肩ヨーク
（表）

0.2

③縫い代は
前肩ヨーク側に倒し、
表からステッチをかける

前身頃
（表）

8

後ろ身頃
（裏）

袖
（表）

1

①身頃と袖を
中表に
合わせて
縫う

②2枚一緒に
縁かがり
ミシンをかける

前身頃
（裏）

後ろ身頃
（表）

袖
（表）

0.2

③縫い代は身頃側に倒し、
表からステッチをかける

前身頃
（表）

□着丈　78cm

□身幅

号	7	9	11	13	15
cm	108.5	112.5	117.5	122.5	127.5

□材料

表布…〈東炊き130〉大人のアンティーク フレンチリネン（#OW／オフ）
　　　125cm幅×7号〜11号220cm、13〜15号280cm
接着芯…50×60cm
ボタン…直径1.3cmを7個

□作り方

[縫う前の準備]

●表えり、前立て全面（2枚）、表カフスの裏に接着芯を貼る。
●前立て下前側の端に縁かがりミシンをかける（次ページの2参照）。

1　後ろ身頃とギャザーを寄せ、後ろヨークをつける（P.43参照）。
2　前身頃に前立てをつける。

3　肩を縫う（P.37参照）。
4　えりを作り、身頃につける（P.37参照）。
5　袖口のあきを作る（P.38参照）。
6　袖山にギャザーを寄せ、身頃につける（P.44参照）。
7　袖下から脇を縫う（P.38参照）。
8　カフスを作り（P.39参照）、袖口にギャザーを寄せてカフスをつける（P.65の9参照）。
9　裾を縫う。
10　ボタンホールをあけ、ボタンをつける。

裁ち合わせ図

＊ ▨ は接着芯を貼る
＊縫い代は指定以外1cm

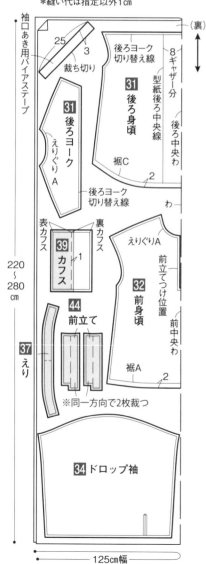

後ろ身頃パターンの引き方

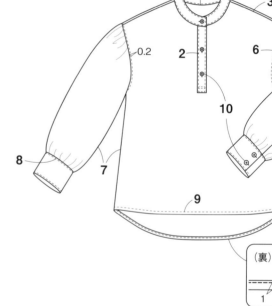

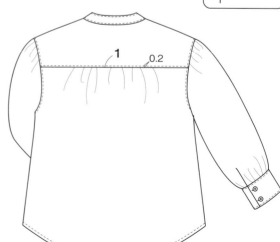

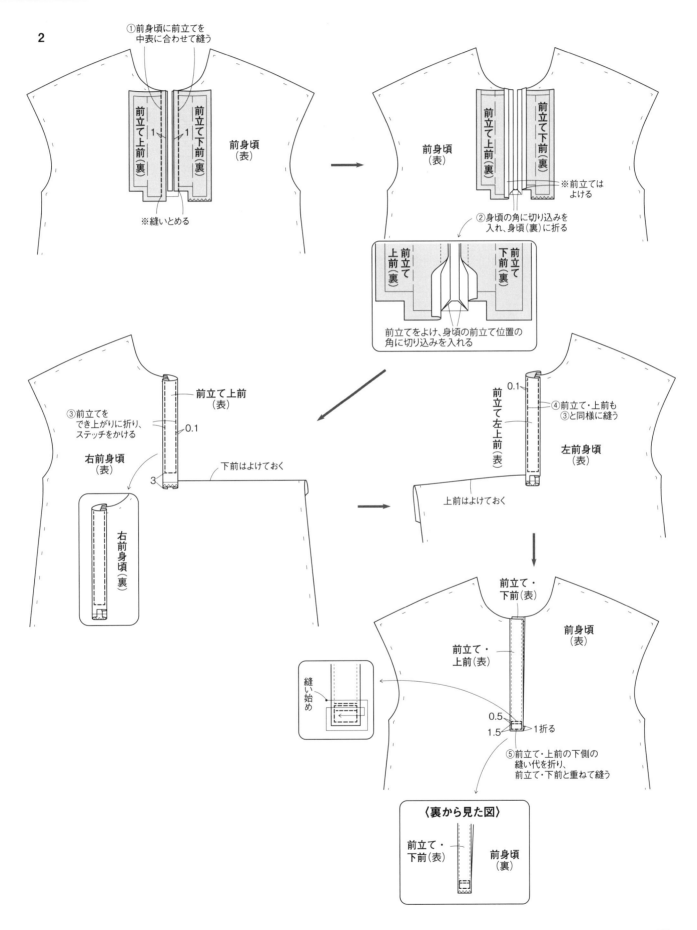

2

①前身頃に前立てを中表に合わせて縫う

前立て上前（裏）　前立て下前（裏）　前身頃（表）

1　1

※縫いとめる

②身頃の角に切り込みを入れ、身頃（裏）に折る

前立て上前（裏）　前立て下前（裏）　前身頃（表）　※前立てはよける

前立てをよけ、身頃の前立て位置の角に切り込みを入れる

前立て上前（裏）　前立て下前（裏）

③前立てをでき上がりに折り、ステッチをかける

前立て上前（表）

0.1

右前身頃（表）

3

下前はよけておく

右前身頃（裏）

④前立て・上前も③と同様に縫う

0.1

前立て左上前（表）　左前身頃（表）

上前はよけておく

縫い始め

前立て・下前（表）

前立て・上前（表）　前身頃（表）

0.5
1.5　1折る

⑤前立て・上前の下側の縫い代を折り、前立て・下前と重ねて縫う

〈裏から見た図〉

前立て・下前（表）　前身頃（裏）

□**着丈** 68.5cm

□**身幅**

号	7	9	11	13	15
cm	120.5	124.5	129.5	134.5	139.5

□**材料**
表布…C&S　Sunnydays コットン（ソイラテ）110cm幅×290cm
接着芯…60×20cm
伸び止めテープ…1cm幅を40cm
ゴムテープ…2cm幅を42/44/46/48/50cm
コンシールファスナー…23cm以上を1本

□**作り方**

[縫う前の準備]
●えり全面の裏に接着芯を貼る。

1　前・後ろえりぐりにギャザーを寄せる（P.65の**3**参照）。
2　肩を縫う（P.37参照）。
3　身頃にえりをつける。
4　後ろ中央を縫い、コンシールファスナーをつける。
5　袖山と袖口にギャザーを寄せる（P.55の**5**参照）。
6　身頃に袖をつける（P.44参照）。
7　袖下から脇を縫う（P.38参照）。
8　袖にカフスをつけ、ゴムテープを通す。
9　裾を縫う。

裁ち合わせ図
＊ ▨ は接着芯を貼る
＊縫い代は指定以外1cm

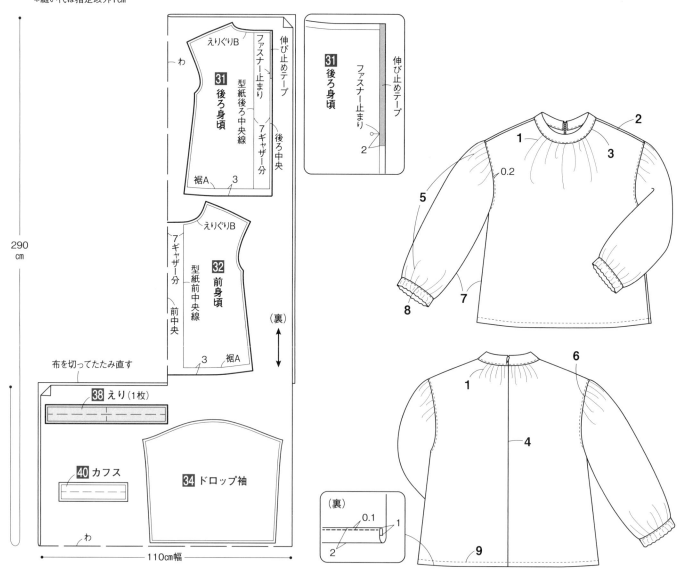

身頃パターンの引き方

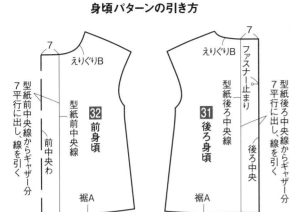

3

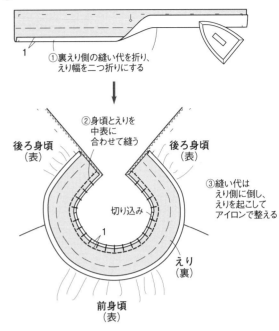

①裏えり側の縫い代を折り、えり幅を二つ折りにする

②身頃とえりを中表に合わせて縫う

後ろ身頃（表）

後ろ身頃（表）

切り込み

③縫い代はえり側に倒し、えりを起こしてアイロンで整える

えり（裏）

前身頃（表）

4

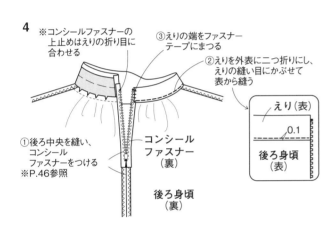

※コンシールファスナーの上止めはえりの折り目に合わせる

③えりの端をファスナーテープにまつる

②えりを外表に二つ折りにし、えりの縫い目にかぶせて表から縫う

①後ろ中央を縫い、コンシールファスナーをつける
※P.46参照

コンシールファスナー（裏）

後ろ身頃（裏）

えり（表）
0.1
後ろ身頃（表）

作品16 スタンドカラーのオーバーブラウス 5の袖の縫い方

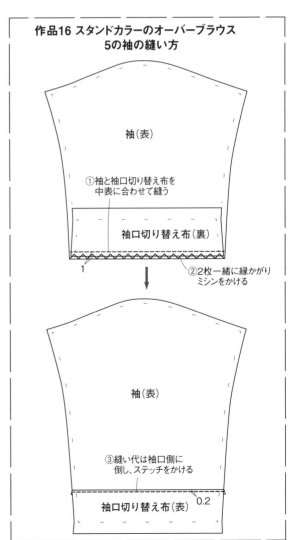

袖（表）

①袖と袖口切り替え布を中表に合わせて縫う

袖口切り替え布（裏）

②2枚一緒に縁かがりミシンをかける

袖（表）

③縫い代は袖口側に倒し、ステッチをかける

袖口切り替え布（表）　0.2

8

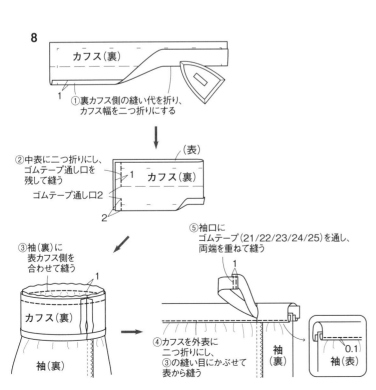

カフス（裏）

①裏カフス側の縫い代を折り、カフス幅を二つ折りにする

②中表に二つ折りにし、ゴムテープ通し口を残して縫う

ゴムテープ通し口2

（表）
カフス（裏）

③袖（裏）に表カフス側を合わせて縫う

カフス（裏）

袖（裏）

⑤袖口にゴムテープ（21/22/23/24/25）を通し、両端を重ねて縫う

④カフスを外表に二つ折りにし、③の縫い目にかぶせて表から縫う

袖（裏）

袖（表）
0.1

□ **着丈** 73.5cm

□ **身幅**

号	7	9	11	13	15
cm	92.5	96.5	101.5	106.5	111.5

□ **材料**
表布…コットンストライプ110cm幅×220cm
接着芯…60×20cm
伸び止めテープ…1cm幅を50cm
コンシールファスナー…25cm以上を1本

□ **作り方**
[縫う前の準備]
● 表えりの裏に接着芯を貼る。
● 後ろ身頃の後ろあきの裏に伸び止めテープを貼る。
● 前身頃のスリット上の縫い代に縁かがりミシンをかける（P.41参照）。

1 肩を縫う（P.37参照）。
2 えりを作る。
3 身頃にえりをつける（P.79の**3**-②③参照）。

4 後ろ中央を縫い、コンシールファスナーをつける（P.79の**4**参照）。
5 袖に袖口切り替え布をつける（P.79参照）。
6 身頃に袖をつける（P.38参照）。
7 袖下から脇のスリット止まりまでを縫う（P.38参照）。
8 袖口を縫う。
9 スリットあきの始末をし、裾を縫う（P.41参照）。

裁ち合わせ図
* ▨ は接着芯を貼る
* 縫い代は指定以外1cm

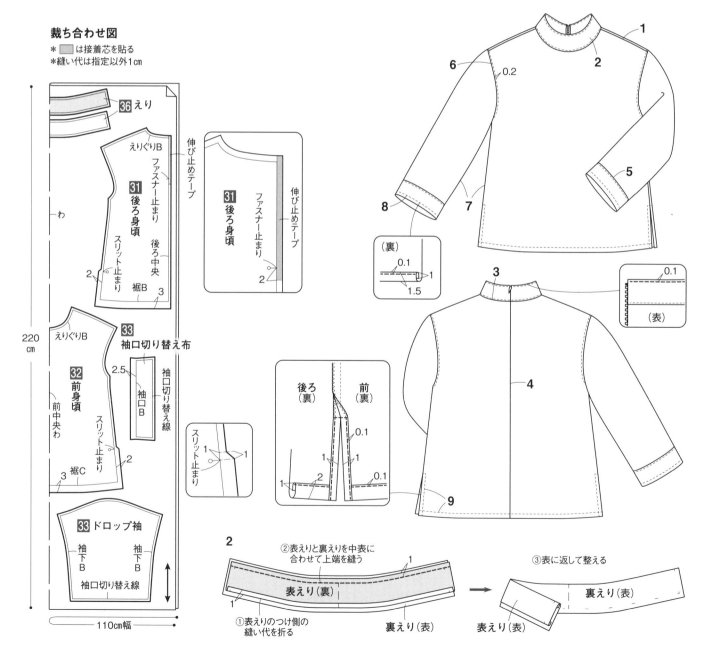

□**材料**
表布…リネン40番手ナチュラルクレープ（8／ネイビー）106cm幅×270cm
接着芯…20×60cm
ボタン…直径1.3cmを7個

□**作り方**
［縫う前の準備］
●表えり側の裏に接着芯を貼る。

1 前・後ろ身頃にギャザーを寄せ、前・後ろヨークと縫い合わせる（P.43参照）。
2 前端の裾を始末し、前端を縫う（P.58の**1**参照）。
3 肩を縫う（P.37参照）。
4 えりを作る（P.53の**5**参照）。
5 身頃にえりをつける（P.53の**6**参照）。
6 身頃に袖をつける（P.38参照）。
7 袖下から脇を縫う（P.38参照）。
8 袖口を縫う。
9 裾を縫う。
10 ボタンホールをあけ、ボタンをつける。

□**着丈** 81cm

□**身幅**

号	7	9	11	13	15
cm	124.5	128.5	133.5	138.5	143.5

裁ち合わせ図
* ▨ は接着芯を貼る
*縫い代は指定以外1cm

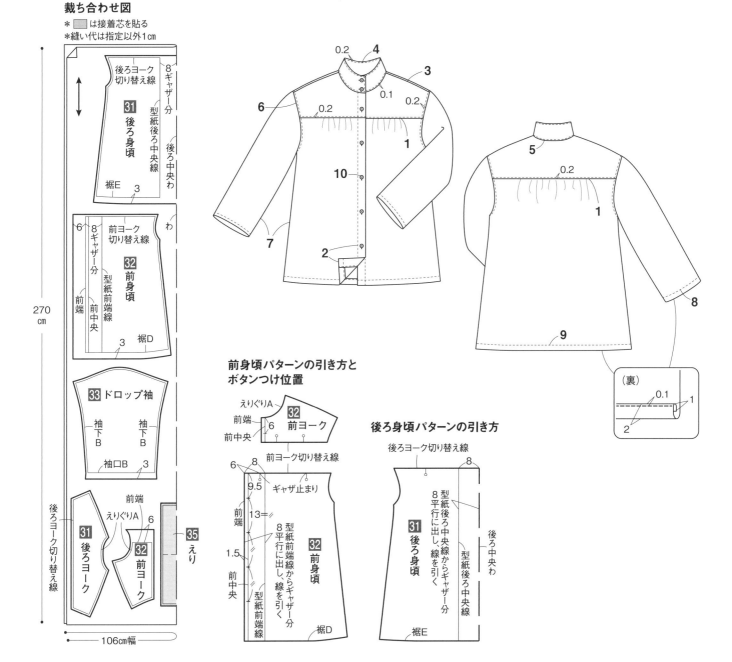

前身頃パターンの引き方とボタンつけ位置

後ろ身頃パターンの引き方

20 ガウン風コート | Photo...P. 27

□ 材料
表布…〈束炊き91〉すてきな おとなのた〜たん (#U／ブルーチェック) 125cm幅×330cm

□ 作り方

1 ポケットを作り、つける。
2 後ろ身頃にギャザーを寄せ、後ろヨークと縫い合わせる (P.43参照)。
3 後ろえりぐりを縫う。
4 前端の裾を始末し、前端を縫う。
5 肩を縫う。

6 身頃に袖をつける (P.38参照)。
7 袖下から脇を縫う (P.38参照)。
8 袖口を縫う。
9 裾を縫う。
10 ベルト通しを作り、つける。
11 ベルトを作る。

□ 着丈　124cm

□ 身幅

号	7	9	11	13	15
cm	108.5	112.5	117.5	122.5	127.5

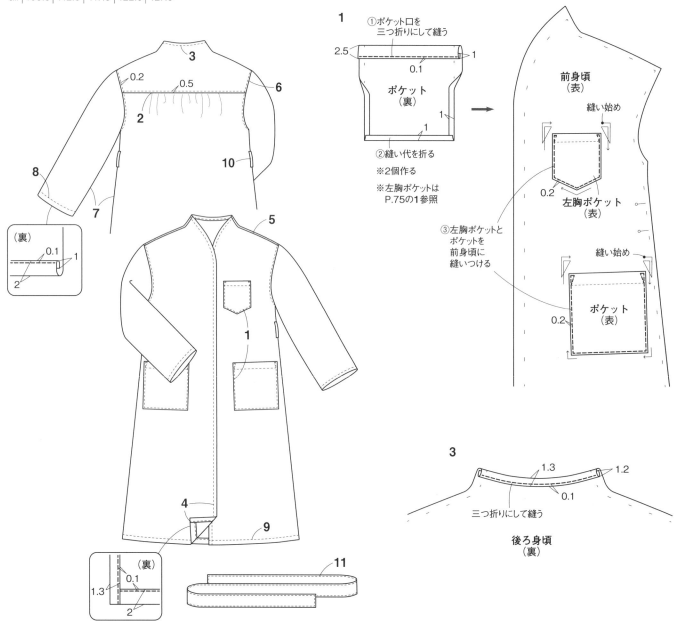

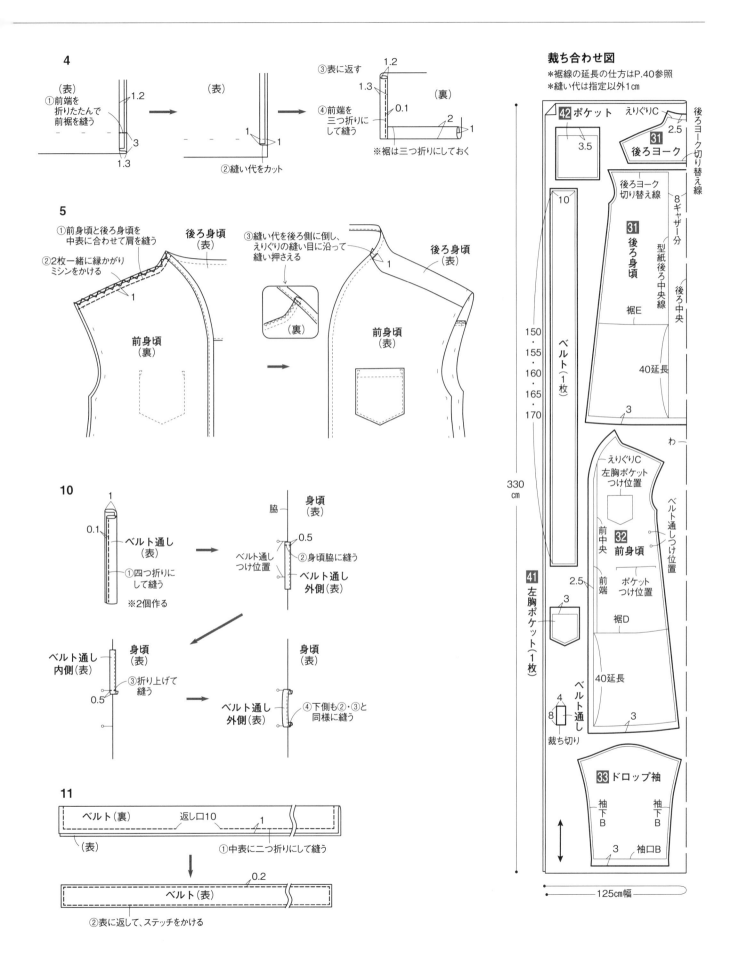

4

（表）
①前端を折りたたんで前裾を縫う
1.2
3
1.3

（表）
②縫い代をカット
1

③表に返す
1.2
1.3
0.1
1
（裏）
④前端を三つ折りにして縫う
2
1
※裾は三つ折りにしておく

5

①前身頃と後ろ身頃を中表に合わせて肩を縫う
②2枚一緒に縁かがりミシンをかける
後ろ身頃（表）
1
前身頃（裏）

③縫い代を後ろ側に倒し、えりぐりの縫い目に沿って縫い押さえる
（裏）
後ろ身頃（表）
1
前身頃（表）

10

1
0.1
ベルト通し（表）
①四つ折りにして縫う
※2個作る

身頃（表）
脇
ベルト通しつけ位置
0.5
②身頃脇に縫う
ベルト通し外側（表）

ベルト通し内側（表）
身頃（表）
0.5
③折り上げて縫う

身頃（表）
ベルト通し外側（表）
④下側も②・③と同様に縫う

11

ベルト（裏）
返し口10
1
（表）
①中表に二つ折りにして縫う

ベルト（表）
0.2
②表に返して、ステッチをかける

裁ち合わせ図
*裾線の延長の仕方はP.40参照
*縫い代は指定以外1cm

[42] ポケット
3.5

えりぐりC
後ろヨーク切り替え線
2.5
[31] 後ろヨーク

後ろヨーク切り替え線
[31] 後ろ身頃
型紙後ろ中央線
8ギャザー分
後ろ中央
裾E
40延長
3

10
ベルト（1枚）

150・155・160・165・170

330cm

わ

えりぐりC
左胸ポケットつけ位置
[32] 前身頃
前中央
前端
ベルト通しつけ位置
ポケットつけ位置
裾D
40延長
3

[41] 左胸ポケット（1枚）
2.5
3

4
8
ベルト通し
裁ち切り

[33] ドロップ袖
袖下B
袖下B
3
袖口B

125cm幅

□**着丈** 73.5cm

□**身幅**

号	7	9	11	13	15
cm	92.5	96.5	101.5	106.5	111.5

□**材料**
表布…シェットランドウールリネンヘリンボン（4／チャコール）116cm幅×200cm
接着芯…60×90cm
ボタン…直径2.2cmを5個

□**作り方**
[縫う前の準備]
●前・後ろ見返しの裏に接着芯を貼る。
●ポケットの縫い代（ポケット口以外）に縁かがりミシンをかける。
●前身頃のスリット上の縫い代に縁かがりミシンをかける（P.41参照）。

1 ポケットをつける（P.82の**1**参照）。
2 肩を縫う（P.37参照）。
3 見返しを作る。
4 身頃に見返しをつける。
5 袖ぐりをバイアステープで始末する。
6 脇をスリット止まりまで縫う（P.69の**8**参照）。
7 スリットあきの始末をし、裾を縫う（P.41参照）。
8 ボタンホールをあけ、ボタンをつける。

裁ち合わせ図
＊ ▨ は接着芯を貼る
＊縫い代は指定以外1cm

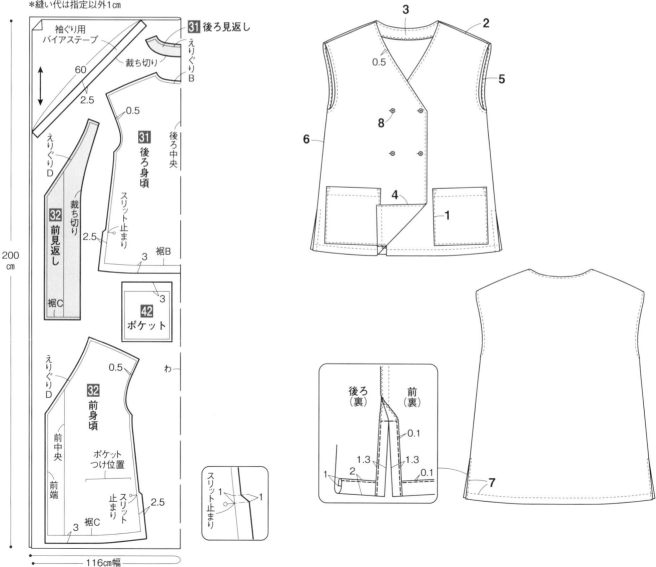

84

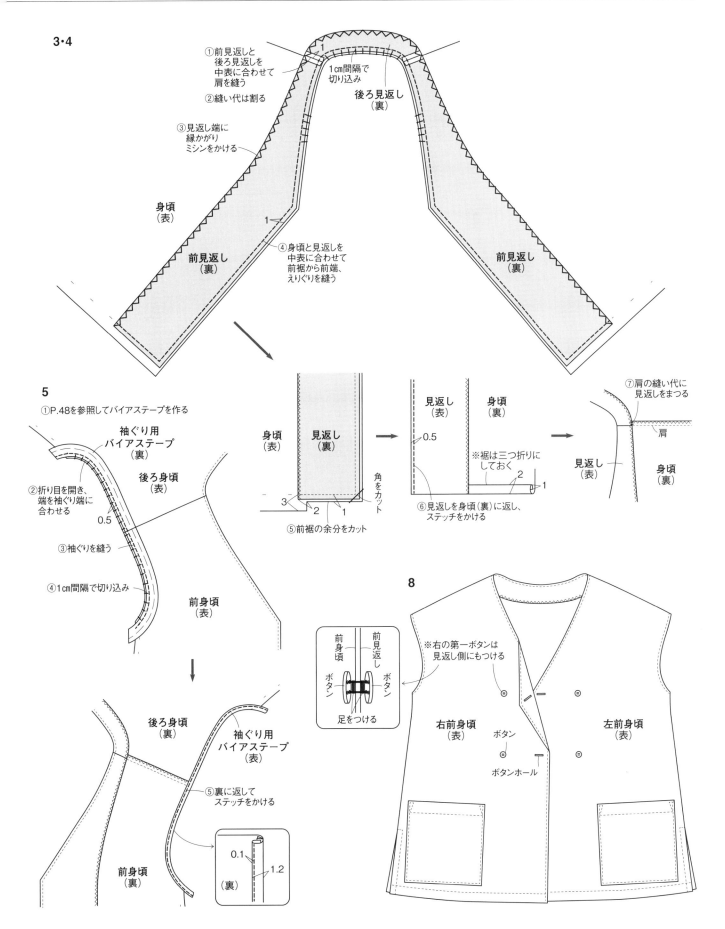

3・4

①前見返しと
後ろ見返しを
中表に合わせて
肩を縫う

②縫い代は割る

③見返し端に
縁かがり
ミシンをかける

身頃
（表）

前見返し
（裏）

1cm間隔で
切り込み

後ろ見返し
（裏）

前見返し
（裏）

④身頃と見返しを
中表に合わせて
前裾から前端、
えりぐりを縫う

身頃
（表）

見返し
（裏）

身頃
（表）

角を
カット

⑤前裾の余分をカット

見返し
（表）

身頃
（裏）

0.5

※裾は三つ折りに
しておく

2

1

⑥見返しを身頃（裏）に返し、
ステッチをかける

⑦肩の縫い代に
見返しをまつる

肩

見返し
（表）

身頃
（裏）

5

①P.48を参照してバイアステープを作る

袖ぐり用
バイアステープ
（裏）

後ろ身頃
（表）

②折り目を開き、
端を袖ぐり端に
合わせる

0.5

③袖ぐりを縫う

④1cm間隔で切り込み

前身頃
（表）

後ろ身頃
（裏）

袖ぐり用
バイアステープ
（表）

⑤裏に返して
ステッチをかける

前身頃
（裏）

0.1

1.2

（裏）

8

前身頃

前見返し

ボタン

ボタン

足をつける

※右の第一ボタンは
見返し側にもつける

右前身頃
（表）

左前身頃
（表）

ボタン

ボタンホール

□**材料**
表布…薄地 リネン シャンブレー (ブラック×ネイビー) 150cm幅×290cm
接着芯…20×60cm
ボタン…直径1.3cmを9個

□**作り方**
[縫う前の準備]
●表台えりの裏に接着芯を貼る。

1 前・後ろ身頃にギャザーを寄せ、前・後ろヨークと縫い合わせる (P.43参照)。

2 前端の裾を始末し、前端を縫う (P.58の**1**参照)。

3 肩を縫う (P.37参照)。

4 えりを作り、身頃につける (P.37参照)。

5 身頃に袖をつける (P.38参照)。

6 袖下から脇を縫う (P.38参照、ポケット口を縫い残す)。

7 ポケットをつける。

8 袖口を縫う。

9 裾を縫う。

10 ボタンホールをあけ、ボタンをつける。

□**着丈** 121cm

□**身幅**

号	7	9	11	13	15
cm	124.5	128.5	133.5	138.5	143.5

裁ち合わせ図
* ▨ は接着芯を貼る
*縫い代は指定以外1cm

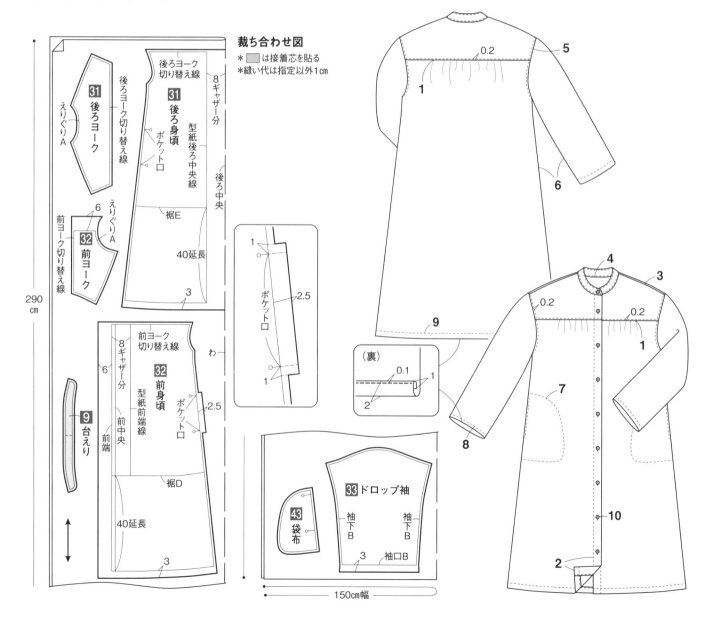

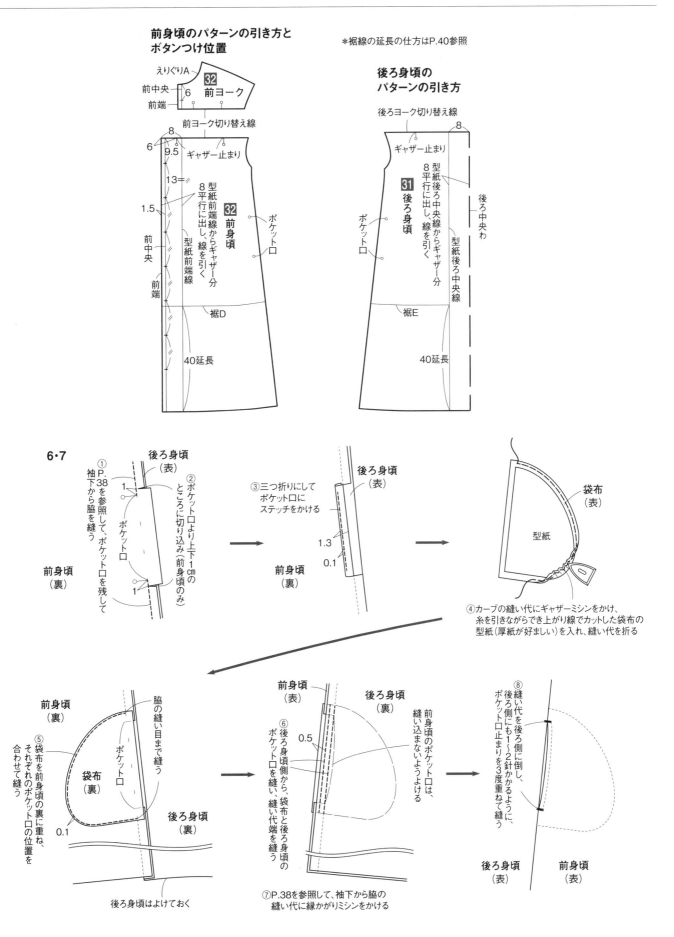

前身頃のパターンの引き方と
ボタンつけ位置

＊裾線の延長の仕方はP.40参照

えりぐりA
前中央　6
前端
32 前ヨーク
前ヨーク切り替え線

8
6　9.5
13＝
1.5
ギャザー止まり

型紙前端線より
8平行に出し、線を引く
ギャザー分

前中央
前端

型紙前端線

32 前身頃

ポケット口

裾D

40延長

後ろ身頃の
パターンの引き方

後ろヨーク切り替え線

8
ギャザー止まり

型紙後ろ中央線より
8平行に出し、線を引く
ギャザー分

31 後ろ身頃

ポケット口

後ろ中央わ

型紙後ろ中央線

裾E

40延長

6・7

①P.38を参照して、袖下から脇を縫う

後ろ身頃（表）

1

②ポケット口より上下1cmのところに切り込み（前身頃のみ）

ポケット口

1

前身頃（裏）

ポケット口を残して

③三つ折りにしてポケット口にステッチをかける

後ろ身頃（表）

1.3
0.1

前身頃（裏）

袋布（表）

型紙

④カーブの縫い代にギャザーミシンをかけ、糸を引きながらでき上がり線でカットした袋布の型紙（厚紙が好ましい）を入れ、縫い代を折る

前身頃（裏）

⑤袋布を前身頃の裏に重ね、それぞれのポケット口の位置を合わせて縫う

脇の縫い目まで縫う

袋布（裏）

ポケット口

0.1

後ろ身頃（裏）

後ろ身頃はよけておく

前身頃（表）

0.5

後ろ身頃（裏）

⑥後ろ身頃側から、袋布と後ろ身頃のポケット口を縫い、縫い代端を縫う

前身頃のポケット口は、縫い込まないようよける

⑦P.38を参照して、袖下から脇の縫い代に縁かがりミシンをかける

⑧縫い代を後ろ側に倒し、後ろ側にも1～2針かかるように、ポケット口止まりを3度重ねて縫う

後ろ身頃（表）

前身頃（表）

Yoshiko Tsukiori
月居良子

デザイナー。婦人服はもちろん、赤ちゃん服からウエディングドレスまで得意分野は幅広い。シンプルなのに着ると立体的になる美しいシルエットに定評があり、日本だけでなくフランスや北欧など、海外でも人気を博している。著書に『月居良子のシャツ&ブラウス』（小社）、『月居良子のいくつになっても着たい服』（文化出版局）ほか多数。

Staff

ブックデザイン／平木千草
撮影／加藤新作
　　　岡 利恵子・有馬貴子（本社写真編集室）
スタイリング／串尾広枝
ヘアメイク／高野智子
モデル／KASUMI
製作協力／湯本美江子・組谷慶子
作り方解説、型紙トレース・配置／今 寿子
校閲／滄流社
編集／山地 翠

◎生地提供

生地の森　https://www.kijinomori.com
生地といろ　https://kijitoiro.jp
CHECK & STRIPE　https://checkandstripe.com
Faux & Cachet Inc.　https://www.fauxandcachetinc.com
リバティジャパン　https://www.liberty-japan.co.jp

＊作品に使用の生地は2024年5月現在のため、販売終了となる場合があります。

◎資材・用具提供

クロバー
https://clover.co.jp　☎ 06-6978-2277（お客様係）

◎衣装協力

ADIEU TRISTESSE・LOISIR
ともに ☎ 03-6861-7658

CLOLI・ORDINARY FITS（ともに yard/ヤード）
☎ 06-6136-5225

PLAIN PEOPLE ／プレインピープル青山
☎ 03-6419-0978

HAND ROOM ／BOW INC
☎ 070-9199-0913

HAUNT／HAUNT代官山
RED CARD TOKYO
NEEDBY heritage
（すべて GUEST LIST）
☎ 03-6869-6670

月居良子のドレスシャツ

著　者　月居良子
編集人　石田由美
発行人　殿塚郁夫
発行所　株式会社主婦と生活社
　　　　〒104-8357　東京都中央区京橋 3-5-7
　　　　編集部　☎ 03-3563-5361　FAX. 03-3563-0528
　　　　販売部　☎ 03-3563-5121
　　　　生産部　☎ 03-3563-5125
　　　　https://www.shufu.co.jp/
製版所　東京カラーフォト・プロセス株式会社
印刷所　TOPPAN 株式会社
製本所　共同製本株式会社

ISBN978-4-391-16180-9
©YOSHIKO TSUKIORI 2024 Printed in Japan

十分に気をつけながら造本していますが、万一、乱丁・落丁の場合は、お買い求めになった書店か小社生産部へご連絡ください。お取り替えいたします。

Ⓡ本書を無断で複写複製（電子化を含む）することは、著作権法上の例外を除き、禁じられています。本書をコピーされる場合は、事前に日本複製権センター（JRRC）の許諾を受けてください。また、本書を代行業者等の第三者に依頼してスキャンやデジタル化をすることは、たとえ個人や家庭内の利用であっても一切認められておりません。
JRRC（https://jrrc.or.jp　eメール：jrrc_info@jrrc.or.jp　☎ 03-6809-1281）

※本書掲載作品の複製頒布、および販売はご遠慮ください。